INHALT

MY FIRST MOUNTAINBIKE

Julius liebt sein Fahrrad! Zu seiner Kommunion hat er endlich sein erstes eigenes Mountainbike geschenkt bekommen. Nur widerwillig hat er dabei die Schutzbleche und den Gepäckträger in Kauf genommen. Bei der erstbesten Gelegenheit – einer Downhill-Tour mit Elias Bluhm – hat er sie eigenhändig abmontiert, „damit sie bei den Fahrten im Gelände nicht kaputtgehen". Lange hatte er sich damit beschäftigt, welche Art von Fahrrad er sich wünschen sollte. Ein Mountainbike mit coolen Reifen, dafür ohne Lampe, Schutzblech und Klingel? Oder lieber doch ein Rennrad mit gebogenem Lenker? Auch bei dem neuen Fahrradhelm war die Qual der Wahl groß. Und überhaupt: Wie kann ein Fahrradhelm stabil sein, wenn er nur aus Styropor und Kunststoff besteht? Wieso hat das Mountainbike eigentlich diese breiten Reifen, und was ist der Unterschied zwischen einer Scheiben- und einer Felgenbremse?

Solche Fragen beschäftigen Julius, er will alles genau verstehen. Dabei reicht es ihm nicht, die Dinge erklärt zu bekommen, sondern er will sie auch selber entdecken. Und als großer Fan von DIY (Do-it-yourself = Selbstgemachtes) bastelt er gerne. Bist du auch so neugierig und probierst gern Dinge selbst aus? Dann folge Julius auf seiner Entdeckungstour rund ums Rad.

Wusstest du, dass ein Fahrrad aus mehr als 300 Einzelteilen besteht? Gerade die Gangschaltung und die Bremsen können kompliziert aufgebaut sein. Zu Zeiten von Julius' Großeltern hatten Räder nur einen Gang und eine Rückbremse, die man mit dem Fuß bediente. Heutzutage hat ein hochwertiges Mountainbike 30 Gänge und hydraulische Scheibenbremsen. Auch die Reifen haben sich im Laufe der letzten Jahrzehnte weiterentwickelt: Bestand früher ein Reifen aus einem Mantel und einem Schlauch, gibt es heute auch schlauchlose Reifen (Tubeless-Reifen) und Reifen, bei denen der Schlauch an den Mantel genäht ist (Schlauchmantel).

Julius stellt dir verschiedene Fahrradtypen vor, etwa das komfortable City Bike, das nostalgische Hollandrad, das schnelle Rennrad oder das robuste Trekkingrad. Um sich die Unterschiede und Besonderheiten besser einzuprägen, hat er sich ein Fahrradteile-Quartett ausgedacht, das du selbst basteln kannst. Auch die Pflege des Lieblingsrads kommt nicht zu kurz: Julius zeigt dir, welche Teile man wie wäscht, putzt und schmiert.

Fahrspaß ist Lenken und Beschleunigen. Julius hat sich mehrere Lenker angeschaut und erklärt dir die Unterschiede. Bei den Gangschaltungen gibt es vor allem die Nabenschaltung und die Kettenschaltung. Beide haben Vor- und Nachteile und unterstützen deinen Fahrstil auf besondere Art und Weise. Julius hat seine 7-Gang-Kettenschaltung an seinem 24-Zoll-Mountainbike ausgiebig getestet und kennt nun die Wirkung einer niedrigen und einer hohen „Übersetzung". Die genaue Beschreibung des Experiments findest du im Kapitel „Fahrspaß", ebenso wie Übungen für Julius' spezielles Fahrtraining und die Anleitung für den „Wheelie" (Fahren auf dem Hinterrad) und den „Stoppie" (Fahren auf dem Vorderrad) von dem Downhill Racer Elias Bluhm.

„Pimp your Lenker" heißt es im Bastelteil: Hier gibt's coole Ideen für Mädchen und Jungen zum Verschönern der kargen Metallstangen. Mit einfachen Mitteln kannst du einen „Blumenlenker", einen „Fransenlenker" und einen „Leuchtlenker" kreieren.

Bremsen will gelernt sein! Julius hat sich für dich schlau gemacht und die Bremswegformel gefunden. Und gleich mit seinem Rad angewendet. Auf sieben unterschiedlichen Böden prüft er die Kraft seiner Bremsen und den Grip seiner Reifen. Während er auf dem Waldweg aus der Vollbremsung nach knapp drei Metern zum Stehen kommt, schliddert er auf trockenem Kies nach sieben Metern immer noch trotz angezogener Bremsen. Außerdem lernst du, welche Bremsen am besten zu welchen Fahrradtypen passen. Für den Fall, dass die Bremse nicht mehr so gut zieht, zeigt dir Julius Schritt für Schritt, wie man die Bremsklötze austauscht. Und wenn sie völlig ausgeleiert ist, kannst du aus dem Griff noch eine Schreibtischlampe basteln.

Auch, wie man einen Reifen wechselt und den Schlauch flickt, erfährst du von Julius. Er zeigt dir Reifen, die „unplattbar" sind, und solche, die gar keinen Schlauch haben. Andere sind fest mit dem Schlauch vernäht, sodass man mit ihnen

Manchmal gibt es mit dem Rad was zu transportieren. Bei Julius sind das zum Beispiel sein Freund Mio, ein Sack Kartoffeln oder Aladin, der „Wochenendhund" seiner Familie. Julius macht den Praxistest, welcher Korb, welche Kiste und welcher Anhänger sich am besten für welche Transporte eignen. Und wenn der Fahrradkorb mal ausgedient hat, kann man darin ein prima Kräuterbeet anlegen.

Viel Spaß beim Forschen, Entdecken und Basteln rund ums Rad!

Dein Richard

FORSCHEN

ENTDECKEN

BASTELN

trotz eines Platten weiterrollen kann. Als DIY hat Julius eine Idee für die Verwertung von alten, übrig gebliebenen Trinkhalmen aus Plastik. Sie können noch einige Zeit die Speichen deiner Räder verschönern.

„Sicherheit geht vor!" heißt ein weiteres Kapitel des Buches. Hier geht es um Helme, Lampen, Klingeln und die Fahrradprüfung. Dafür musst du Verkehrszeichen und Regeln kennen sowie viel Fahrpraxis sammeln. Erst wer den Aufkleber „Geprüfter Radfahrer" auf seinem Fahrrad kleben hat, darf auf der Straße fahren. Aber Vorsicht, dort ist viel los, und man muss dafür Sorge tragen, gesehen und gehört zu werden! Julius hilft dir, dafür das richtige Equipment zu finden: Er macht für dich den Helmtest (mit einem Hammer), den Lichttest (mit fünf Lampen und einem Reflektor) und den „Glockentest" (mit sechs verschiedenen Klingeln). Im DIY-Teil zeigt Julius dir, wie man seine Klingel anmalt und wie man sich aus Speichenreflektoren eine Discokugel fürs Kinderzimmer bastelt.

MEIN LIEBLING

Trekkingrad, City Bike, Rennrad, Hollandrad, Mountainbike, E-Bike ...
Die Auswahl an Fahrrädern ist groß. Aber welches passt am besten zu dir? Julius fällt die Antwort auf diese Frage nicht schwer: Er schwört auf ein Mountainbike, am liebsten mit Stoßdämpfern vorne und hinten. Vollgefedert wird die Tour durchs Gelände zur Spazierfahrt. Seine Schwestern sehen das völlig anders: Sie nehmen für die Fahrt zur Schule, zum Einkaufen oder für einen Ausflug in den Park lieber ihre komfortablen Räder mit Körbchen. Julius' Großeltern haben sich vor Kurzem E-Bikes zugelegt, um mit ihren Enkeln mithalten zu können – diese „Räder mit Rückenwind" gibt es aber mittlerweile auch schon für Kinder.

Auf den nächsten Seiten stellt Julius dir die gebräuchlichsten Fahrradtypen vor und erklärt dir, worin sie sich unterscheiden. Außerdem zeigt er dir, aus welchen Teilen ein Fahrrad besteht und wie du dein Rad richtig pflegst.

SRAD

428

FÜR JEDEN TYP DAS PASSEN

CITY BIKE

Wer fährt das?	Julius' Mama
Wo kann ich damit fahren?	In der Stadt
Was ist daran besonders?	Es ist sehr vielseitig und robust. Es eignet sich für den Weg zur Schule, zum Einkaufen, für kurze Ausflüge und für alles, wo man mal schnell hinmöchte. Auf dem City Bike sitzt du komfortabel und aufrecht, da Lenker und Sattel näher beieinander sind als bei sportlicheren Rädern.
Welcher Lenker?	Gebogener Lenker
Welche Gangschaltung?	Nabenschaltung (meistens 7 Gänge)
Welche Reifen?	Robuste, pannensichere Reifen
Welche Bremsen?	Felgenbremsen

MOUNTAINBIKE (MTB)	TREKKINGRAD
Julius	Julius' älteste Schwester
Im Gelände	Überall
Die Übersetzung (Bergfahrrad) sagt es schon: Es eignet sich perfekt fürs Gelände. Es ist leicht und gut gefedert: das Hardtail-MTB an der Gabel vorne, das Fully-MTB auch am Hinterrad. „Unnötige" Teile fehlen: Schutzbleche, Gepäckträger, Licht ... Wenn du auf der Straße fahren möchtest, musst du es verkehrstauglich machen.	Dieses Rad ist eine Kombination aus dem City Bike und dem Mountainbike. Es vereint das Robuste mit dem Sportlichen und eignet sich sowohl für den Stadtverkehr als auch für ausgedehnte Radtouren. Ein Trekkingrad ist mit einer Lichtanlage, Schutzblechen und Gepäckträger ausgestattet.
Breiter, gerader Lenker	Gerader Lenker mit großer Grifffläche
Kettenschaltung (mindestens 12 Gänge)	Kettenschaltung (häufig 24, 27 und 30 Gänge)
Breite Reifen mit Stollenprofil	Robuste Reifen mit Profil
Scheibenbremsen	Scheibenbremsen

FÜR JEDEN TYP DAS PASSEN

Wer fährt das?

Julius' mittlere Schwester

Wo kann ich damit fahren?

In der Stadt

Was ist daran besonders?

Ein Klassiker mit nostalgischem Charme. Das Hollandrad ist unkompliziert und gut geeignet für ebene Strecken. Man erkennt es an dem Vollkettenschutz, der Verkleidung des Hinterrades und der aufrechten Sitzposition. Genau diese sowie der stark abgewinkelte Lenker machen das Fahren zu einem „kleinen Abenteuer".

Welcher Lenker?

Gebogener Lenker

Welche Gangschaltung?

Nabenschaltung (früher 3, heute auch 5, 7 und 8 Gänge)

Welche Reifen?

Robuste, pannensichere Reifen

Welche Bremsen?

Rücktrittbremse

DE RAD - TEIL 2

RENNRAD	E-BIKE (TREKKING)
Julius' Papa	Julius' Großeltern
Auf asphaltierten Straßen	Überall
Wer auf der Straße um die 30 km/h schnell fahren möchte, kauft sich dieses Sportgerät. Mit den schmalen, profillosen Reifen ist der Rollwiderstand sehr gering. Rennräder wiegen nur sieben bis neun Kilogramm und sind sparsam ausgestattet. Für den Straßenverkehr braucht es noch Licht und Klingel.	Diese Räder sind stark im Kommen und nicht nur für Omas und Opas geeignet. Es gibt sie in vielen Ausfertigungen (City, MTB, Trekking). Durch die Zusatzenergie lassen sich Steigungen in der Stadt, Gegenwind bei Ausflügen und Anstiege im Gelände mühelos bewältigen.
Stark gebogener Lenker	Breiter, gerader Lenker
Kettenschaltung (meistens 22 Gänge)	Kettenschaltung (8 bis 12 Gänge)
Schmale Reifen ohne Profil	Breite Reifen mit Profil
Früher Felgenbremse, heute zunehmend Scheibenbremsen	Scheibenbremsen

SO VIELE TEILE

Ein Fahrrad ist aus mehr als 300 Einzelteilen zusammen-
gebaut. Damit es einwandfrei funktioniert, müssen diese
gut aufeinander abgestimmt sein. Die großen Bauteile sind
der Rahmen, der Lenker, der Sitz, die Pedale mit der Kette
sowie die Räder.

Das Teil mit den meisten Einzelkomponenten ist übrigens
die hintere Nabe. Ausgestattet mit drei Gängen und Rück-
tritt kommt sie allein auf 52 Rädchen, Stäbchen, Scheiben,
Zapfen und Klötzchen.

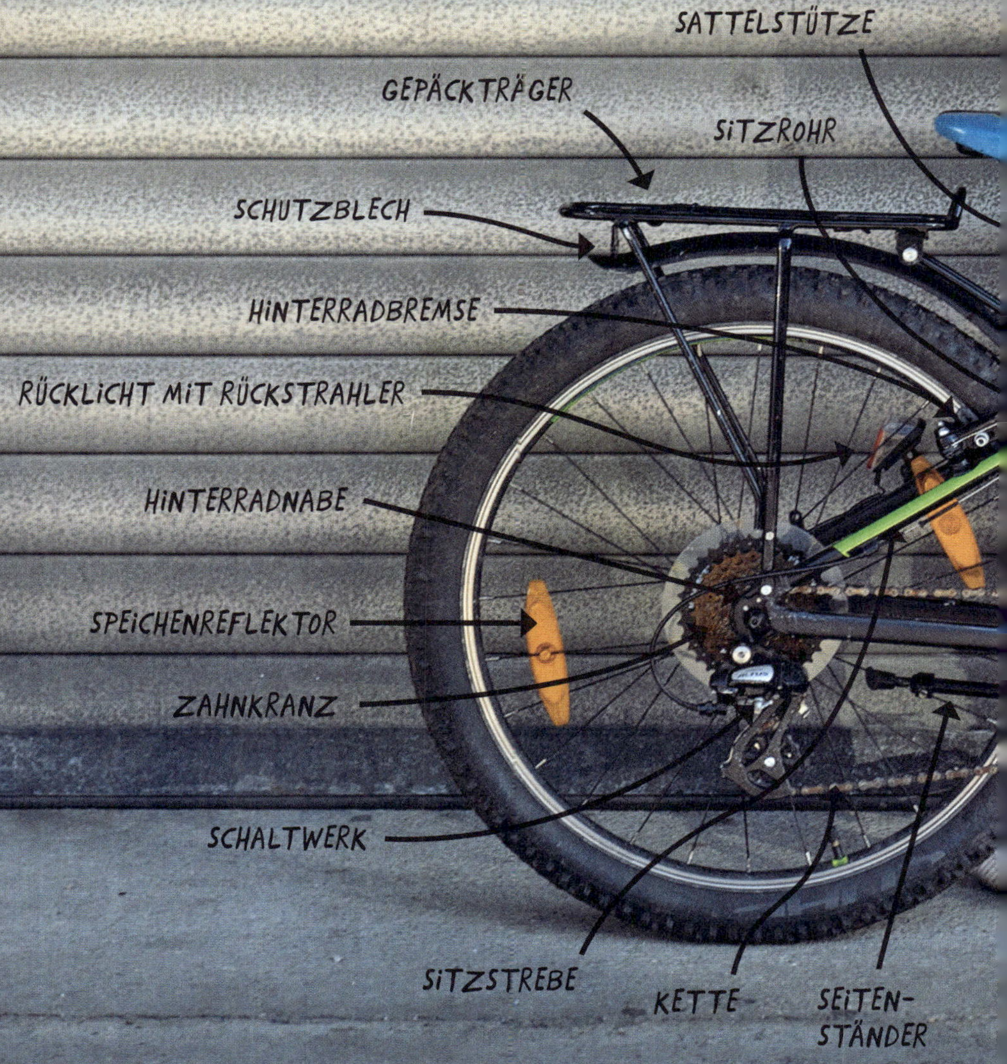

SATTELSTÜTZE

GEPÄCKTRÄGER

SITZROHR

SCHUTZBLECH

HINTERRADBREMSE

RÜCKLICHT MIT RÜCKSTRAHLER

HINTERRADNABE

SPEICHENREFLEKTOR

ZAHNKRANZ

SCHALTWERK

SITZSTREBE

KETTE

SEITEN-
STÄNDER

LENKER MIT GRIFFEN

KLINGEL

HANDBREMSE

VORBAU

SATTEL

OBERROHR

STEUERSATZ

VORDERLICHT MIT FRONTREFLEKTOR

STEUERROHR

VORDERRADBREMSE

UNTER-ROHR

GABEL

DYNAMO

VORDERRAD-NABE

FELGE

PEDAL

TRETLAGER

SPEICHE

VENTIL

MANTEL MIT SCHLAUCH

KETTEN-STREBE

KETTEN-BLATT

KETTEN-SCHUTZ

ERST TESTEN, DANN KAUFEN

So ein Fahrrad kauft man nicht einfach so nebenbei. Da muss ja alles stimmen: Gangschaltung, Lenker, Reifen, Bremsen ... und vor allem soll es cool aussehen. Ob man ein gemütliches, hellblaues Hollandrad mag oder für ein rasantes, schwarzes Mountainbike schwärmt, du musst damit gut und sicher fahren können. Und das testet man besser vorher ausgiebig.

Julius liebäugelt mit einem neuen Mountainbike, das er sich zu seinem 10. Geburtstag wünscht. Also ab ins Fahrradgeschäft und die Teststrecke mit den unterschiedlichen Untergründen ausprobieren.

Seiner Mutter zuliebe probiert er auch ein Trekking- und ein City Bike aus. Lief aber nicht so gut ...

Hier Julius' Bewertung in Schulnoten:

	MTB	TREKKING	CITY
FAHRSPAß	1	4	5
REIFEN	1	3	4
BREMSEN	1	3	5
GÄNGE	1	4	5
KURVENLAGE	1	4	5
FARBE	1	3	4
COOLNESS	1	5	6
GESAMT	1+	3 −	5+

Beim Radlbauer kannst du
zwischen allen gängigen Fahrradtypen auswählen und sie auf der
Teststrecke gleich ausprobieren.
Wo das nächste Geschäft liegt,
findest du hier:
www.radlbauer.de

WER SEIN RAD LIEBT, PFLEGT ES

Julius hat zwar eine Garage, in der er sein Rad im Winter abstellen kann, doch die meiste Zeit des Jahres steht es draußen unter einem Baum. Um es möglichst gut vor Wind und Wetter zu schützen, pflegt er es regelmäßig. Gerade die rostanfälligen Teile müssen mit einem Öl geschmiert werden, damit sich die Abnutzung verringert und sie gegen Korrosion geschützt sind.

RAD REiNiGEN

Rahmen, Pedale, Lenker, Sitz und Räder mit einem Bio-Reiniger einsprühen und kurz einwirken lassen.

Mit Schwamm und Lappen sauber wischen.

Mit Wasser abbrausen. Dabei wenig Druck verwenden, damit das Fett nicht aus den Lagern herausgewaschen wird.

Mit einem Handtuch trocken reiben.

Das Kettenblatt und die Zahnkränze mit Kettenspray einsprühen. Leg einen alten Lappen unter, und pass auf, dass kein Öl auf die Felge oder die Scheibenbremsen gelangt. Sonst funktionieren die Bremsen nicht mehr richtig.

Mit der einen Hand ein Pedal drehen und die vorbeilaufende Kette mit dem Kettenspray in der anderen Hand sparsam, aber gleichmäßig einsprühen.

Zum Schluss sprüht Julius seine Kette, die Zahnräder, Lager, Federelemente und Schraubverbindungen mit einem Universal-Schmiermittel ein.

Auf dieselbe Art die sich drehende Kette mit einem alten Lappen abtupfen.

FAHRRADWISSEN-DIY
DAS GROßE FAHRRADTEILE-QUARTETT

Ein Fahrrad ist ein technisch aufwendiges Gerät. Julius macht dich auf den nächsten Seiten mit allen Teilen rund ums Rad vertraut. So zeigt er dir, was einen Rennradlenker besonders macht, welche Schaltung in den meisten Rädern verbaut ist und welcher Helm zu welchem Rad passt. Mit diesem Quartett kannst du im Anschluss dein Wissen festhalten und mit deinen Freunden teilen.

BASTELANLEITUNG

1 Falte ein DIN-A4-Blatt dreimal je in der Mitte zusammen, sodass acht Rechtecke entstehen.

2 Wiederhole diese Faltprozedur mit drei weiteren Blättern.

3 Schneide die 32 Rechtecke aus und beschrifte sie wie rechts dargestellt: „A1 City Bike", „A2 Mountainbike" und so weiter.

4 Trage auf jeder Spielkarte die drei wichtigsten Eigenschaften des jeweiligen Fahrradteils ein.

SPIELREGELN

– Karten mischen und auf die Spieler aufteilen.
– Spieler links vom Kartengeber beginnt und fragt jemanden nach einer Karte („Hast du G1?").
– Falls ja, muss der Befragte die Karte herausgeben. Der Fragende darf solange Karten fordern, bis jemand die angeforderte Karte nicht hat. Dann ist dieser dran, Karten anzufordern.
– Sobald ein Spieler ein Quartett (zum Beispiel G1 – G4) hat, legt er es offen vor sich hin.
– Hat ein Spieler keine Karten mehr, ist er aus dem Spiel, und sein linker Nachbar fragt als Nächster nach Karten.
– Wer bis Spielende die meisten Quartette sammelt, gewinnt.

A1 City Bike
1. KOMFORTABEL
2. NABENSCHALTUNG
3. FELGENBREMSE

A2 Mountainbike
1. OUTDOOR G
2. PROFIL AM
3. NICHT VE

A3 Trekkingrad
1. ROBUST UN
2. GROẞE GR
3. LICHTANI

A4 Rennrad
1. FÄHRT 30 KM/H SCHNELL
2. DÜNNE REIFEN OHNE PROFIL
3. HAT STARK GEBOGENEN LENKER

FREUNDE-FAHRRAD-QUARTETT

Du kannst auch ein Quartett mit den Fahrrädern deiner Freunde und Familie erstellen. Dazu 32 Karten mit den Namen versehen, zum Beispiel vier aus dem Fußballverein (A1 Benni, A2 Luki ...), vier Klassenkameraden (B1 Georg, B2 Timi ...), vier Nachbarn (C1 Mio, C2 Noah ...), vier aus der Familie (D1 Mama, D2 Emilia ...) und so weiter bis H4.

Darunter dann eine Zeichnung oder ein Foto von dem Freund mit seinem Rad setzen und die Spezifikation ausfüllen: Marke, Typ, Baujahr, Farbe, Reifengröße, Gänge und Besonderheiten.

8 KATEGORIEN, 4 ARTEN, 32 SPIELKARTEN

FAHRRAD	LENKER	SCHALTUNG	REIFEN
A1 City Bike	B1 City-Bike-Lenker	C1 Nabenschaltung	D1 Drahtreifen
A2 Mountainbike	B2 MTB-Lenker	C2 Kettenschaltung	D2 Faltreifen
A3 Trekkingrad	B3 Hollandradlenker	C3 Eingangrad	D3 Schlauchreifen
A4 Rennrad	B4 Rennradlenker	C4 E-Schaltung	D4 Tubeless-Reifen

BREMSE	HELM	KLINGEL	TRANSPORT
E1 Rücktrittbremse	F1 Jugendhelm	G1 Klassische Klingel	H1 Lenkerkorb
E2 Rollenbremse	F2 Rennradhelm	G2 Mini-Klingel	H2 Satteltasche
E3 Felgenbremse	F3 BMX-Helm	G3 Klingelring	H3 Kindersitz
E4 Scheibenbremse	F4 Fullface-Helm	G4 Fahrradhupe	H4 Anhänger

ECHTER FAHRSPAß

Erinnerst du dich an die ersten Fahrversuche auf dem Rad? Mit Papas Hand am Sattel? Und plötzlich spürst du, dass du a leine fährst? Meistens endeten solche Manöver mit einen Sturz, oder bestenfalls wurdest du von irgendeinem Hi dernis gestoppt. Radfahren muss man lernen. Genauso wichtig wie das Bremsen ist das Lenken. Wenn du dein Rad aber sicher beherrschst, beginnt der echte Fahrspaß

In diesen Kapitel erfährst du, warum jeder Fahrradtyp einen anderen Lenker hat, wie Gangschaltungen arbeiten und wie du deine Lenkerstange aufhübschen kannst. Für noch mehr Fahrspaß mit deinem Bike verrät Julius dir sein individuelles Fahrtraining und wie Wheelies und Stoppies funktionieren – okay, mit ein „bisschen" Unterstützung vom Downhill Racer Elias Bluhm.

LENKEN

Mit dem Fahrradlenker steuerst du nicht nur dein Rad auf den Straßen und durchs Gelände, sondern damit bestimmst du auch deine Sitzposition. Ganz unterschiedlich sind zum Beispiel die Lenker und damit auch deine Sitzhaltung beim Hollandrad und beim Rennrad. Während du auf dem ersten aufrecht und komfortabel „thronst", „liegst" du auf dem zweiten vornübergebeugt. Warum nicht alle Radtypen mit denselben Lenkern ausgestattet sind und welcher Lenker zu welchem Rad passt, erklärt dir Julius hier genau.

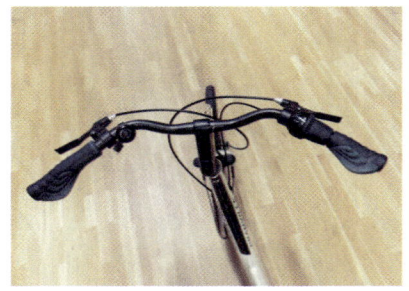

CITY BIKE-LENKER

Auf dem City Bike sitzt du sehr komfortabel. Der Lenker unterstützt dies, da er oberhalb der Sattelhöhe montiert ist und dich in eine aufrechte Sitzposition bringt. So hast du den Überblick über den Straßenverkehr. Und durch die leichte Biegung des Lenkers nach hinten („Kröpfung") kannst du entspannt radeln.

MOUNTAINBIKE-LENKER

Das Mountainbike hat einen breiten, geraden Lenker mit wenig Kröpfung. Dadurch nimmst du eine sportlichgestreckte Sitzposition ein und behältst im schwierigem Gelände die Kontrolle über dein MTB – auch wenn du im Stehen den Trail herunterrast.

TREKKINGRAD-LENKER

Das Trekkingrad eignet sich gut für Fahrradtouren. Der Lenker unterstützt dich dabei: Er ist häufig etwas breiter (als zum Beispiel beim City Bike) und gibt dir dadurch mehr Stabilität auf holprigen Wegen. Und mit den großen Griffflächen hast du den Lenker stets fest unter Kontrolle.

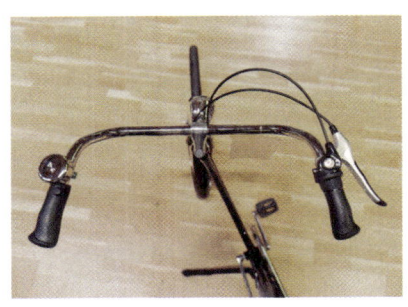

HOLLANDRAD-LENKER

Den stark gebogenen Lenker eines Hollandrads erkennt man sofort. Dadurch, dass er fast im 90-Grad-Winkel gekröpft ist und sich weit oberhalb der Sattelhöhe befindet, sitzt du in einer aufrechten Position. Aber Vorsicht: Hollandräder sind nicht leicht zu lenken, da die Griffe vom Körper entfernt und weit auseinanderliegen.

RENNRAD-LENKER

Auf dem Rennrad fährt man gerne schnell. Um wenig Luftwiderstand zu haben, beugst du dich vornüber und hältst den Lenker im unteren gebogenen Bereich. Wenn du lieber aufrecht fahren möchtest, greifst du oben an die Querstange. Durch seine starke Wölbung ist der Rennradlenker ein „Multitalent".

E-BIKE-LENKER

Die Lenker von E-Bikes unterscheiden sich kaum von den herkömmlichen. Die meisten E-Bikes sind für den Stadtverkehr bestimmt, entsprechend sind zumeist Komfortlenker wie beim City Bike verbaut. Ein Display an der Lenkstange informiert dich über die Geschwindigkeit sowie den Ladezustand und die Reichweite des Akkus.

DEIN INDIVIDUELLES FAHRTRAINING - TEIL 1

Im Straßenverkehr entstehen immer wieder gefährliche Situationen, in denen du dein Fahrrad beherrschen musst, um Unfälle zu vermeiden: Ein kleines Kind läuft zwischen parkenden Autos auf die Straße, oder ein Stock liegt quer auf der Straße, und du musst blitzschnell ausweichen oder scharf bremsen, ohne selbst zu stürzen. Deshalb hör nie auf zu trainieren! Julius zeigt dir seine vier Lieblingstrainingseinheiten, die er im Park durchführt. Hier wird keiner gefährdet, weil du genug Platz hast und keine Autos fahren.

LINIENFAHREN

DU TRAINIERST:
Balance und Körperbeherrschung

Du biegst in eine Straße mit parkenden Autos ein. Ein paar Meter vor dir steigt ein Autofahrer aus und scheint dich nicht gesehen zu haben. Die offene Tür engt deine Fahrbahn ein. Und links verlaufen die Straßenbahngleise. Ganz schön eng. Du musst versuchen, parallel zu den Gleisen auf einer Linie zu fahren.

DU TRAINIERST:
Hand-Augen-Koordination,
Geschicklichkeit
und Kraft

Du fährst einen Outdoor Trail durch den
Wald und siehst vor dir einen dicken Ast
quer auf dem Weg liegen. Da du gerade gut in
Fahrt bist, willst du nicht stehenbleiben. Also raus
aus den Pedalen, das Rad im Lauf über den Ast heben
und mit Schwung wieder aufsitzen.

Achtung: Bei einem Hindernis auf der Straße stehenbleiben!

DEIN INDIVIDUELLES FAHRTRAINING - TEIL 2

SLALOMFAHREN

DU TRAINIERST:

Räumliches Sehen, Reaktionsgeschwindigkeit und Geschicklichkeit

Aus dem Nichts schießt plötzlich ein kleines Kind hinter einem Baum auf den Fahrradweg, auf dem du gerade vom Fußballtraining nach Hause fährst. Dir bleiben nur Sekunden, ihm auszuweichen, ohne dein Rad zu verreißen und selbst zu stürzen.

DU TRAINIERST:
Balance, Körper-
beherrschung und
Geschicklichkeit

Du fährst mit einem Freund durch den Park.
Dein Freund hat eine Picknickdecke, Knabberzeug
und zwei Wasserflaschen ins Körbchen gepackt.
Du siehst, wie eine Flasche runterfällt, und greifst
schon nach ihr. Beim Training stell die Flasche
ruhig anfangs auf einen umgedrehten Fahrradkorb.

Achtung: Passiert das auf der Straße, absteigen!

DOWNHILL MIT ELIAS

Mit Karacho den Berg runterflitzen, über Hindernisse springen, Vollbremsungen machen – Julius schaut sich gerne die Filme der Downhill Racer im Internet an. Aber nachgemacht hatte er es mit seinem MTB noch nicht – bis er Elias kennenlernte.

ELIAS BLUHM

Elias ist Downhill Racer aus Leidenschaft. Er ist 16 Jahre alt und lebt in Starnberg. 2019 kam er bei über 10 Wettkämpfen jeweils unter die Top 3. Seine Hobbys sind Dirt Bike, Enduro, MX und Snowboarding.

bluhm.elias

VON WHEELIES UND STOPPIE

Wenn die Biker auf der Straße ihren Lenker hochziehen und wie die „Easy Rider" nur auf dem Hinterrad fahren, sieht das schon sehr lässig aus. Julius hat es schon mehrere Male probiert, bisher ohne Erfolg. Elias gibt ihm die perfekten Anweisungen für die Fahrt auf dem Hinterrad – und auf dem Vorderrad gleich mit. Ganz wichtig: Halte mit einem Zeigefinger jeweils die Bremse des Rads, auf dem du fährst, fest!

WHEELiE

Nach langsamer Anfahrt tritt explosiv in die Pedale und richte deinen Körper auf.

Baue Spannung im Körper auf, beuge stark deine Arme und lehne den Oberkörper nach vorne.

STOPPiE

Strecke den Oberkörper aus und ziehe vorsichtig an der Vorderbremse.

Fahr schnell an und bring den Körper in eine tiefe Ausgangsposition.

s

ALLER ANFANG IST SCHWER:
ELIAS ZEIGT JULIUS, WIE ER
DIE RICHTIGE KÖRPERSPANNUNG
FÜR DEN STOPPIE AUFBAUT.

Ziehe die gestreckten Arme nach hinten und verlagere
deinen Oberkörper auf die Höhe der Hinterradnabe.

Tritt weiter in die Pedale. Mit der Hinterradbremse balancierst du deine Position aus.

Strecke die Arme und beuge die Beine leicht, um das hochkommende Hinterrad auszugleichen.

Halte deinen Schwerpunkt über dem Tretlager und balanciere mit der Vorderbremse deine Position aus.

ALLES ÜBER SCHALTUNGEN

Früher hatte ein Fahrrad vorne und hinten je ein Zahnrad und dazwischen die Kette. Solche Räder werden Eingangrad, „Single Speed" oder „Fixie" genannt. Man findet diese „Schaltung" heute noch bei alten Hollandrädern und als Hipstermode in Großstädten. Anfang der 1960er Jahre wurden die Räder ohne Gangschaltung abgelöst durch solche mit einer 3-Gang-Nabenschaltung. Als zwanzig Jahre später Fahrräder mit Kettenschaltungen auf den Markt kamen, setzten sich diese schnell durch.

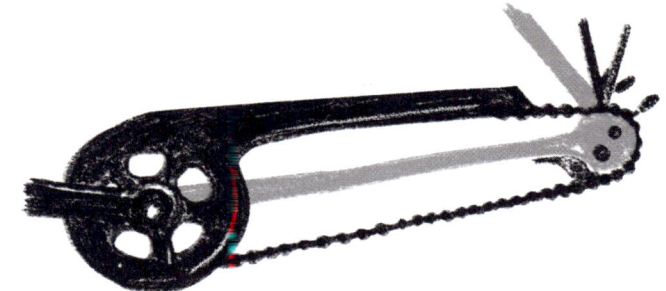

Die Zahnräder bei der Nabenschaltung kannst du nicht sehen, da sie in der Hinterradnabe eingebaut sind. Je nach Typ gibt es unterschiedlich viele Zahnräder auf einem Zahnkranz. Je größer das Zahnrad ist, desto weniger wird es bei einer Umdrehung des vorderen Zahnrades (Kettenblatt) um seine eigene Achse gedreht. Man spricht in diesem Fall von einer niedrigen Übersetzung. Du musst dich wenig anstrengen, kommst aber auch nur langsam voran. Schaltest Du in einen höheren Gang, wird die Kette auf ein kleineres Zahnrad gelegt. Nun musst du fester treten, fährst aber auch schneller. Die niedrigen und hohen Gänge helfen dir, wenn es bergauf oder bergab geht.

Das Gute an der Nabenschaltung ist, dass sie gegen Verschmutzungen geschützt ist und wenig verschleißt. Du kannst auch im Stand schalten. Dafür ist sie relativ schwer, teuer und „schwerfällig", da du keine Gänge überspringen kannst.

Das sind die gängigsten Nabenschaltungen:

Kettenblatt		Zahnkranz		Gänge	Fahrradtyp
1 Zahnrad	×	3 Zahnräder	=	3 Gänge	
1 Zahnrad	×	7 Zahnräder	=	7 Gänge	City Bike Hollandrad
1 Zahnrad	×	8 Zahnräder	=	8 Gänge	

ELEKTRONISCHE SCHALTUNG

Neben den mechanischen gibt es auch elektronische Schaltungen. Bei diesen brauchst du nur einen Knopf zu drücken, anstatt an Hebeln zu ziehen. Das geht einfacher, ist präziser, und es lassen sich sogar Schaltkombinationen programmieren. Allerdings sind elektronische Schaltungen teurer, schwerer, und die Ersatzteile sind nicht überall so leicht zu bekommen.

Bei der Kettenschaltung gibt es am Kettenblatt und am Zahnkranz unterschiedliche viele Zahnräder. Angenommen, dein Bike hat 3 Zahnräder vorne und 7 hinten, dann kannst du in 21 Gänge schalten. Beim ersten Gang liegt die Kette vorne auf dem kleinsten und hinten auf dem größten Zahnrad, bei Gang 21 liegt die Kette vorne auf dem größten und hinten auf dem kleinsten Zahnrad. Im unteren Gangbereich bewegst du dich bei einer Umdrehung des Kettenblatts kaum, man spricht von einer niedrigen Übersetzung. Bei den oberen Gängen ist es umgekehrt: Dein Antrieb hat eine hohe Übersetzung, du legst bei einer Umdrehung des Kettenblatts eine große Strecke zurück.

Die Vorteile der Kettenschaltung sind das geringe Gewicht, der relativ günstige Preis und der große Übersetzungsbereich. Leider ist die Schaltung schlecht gegen Verschmutzung geschützt, verschleißt eher und lässt sich nur während des Tretens bedienen.

Das sind die gängigsten Kettenschaltungen:

Kettenblatt		Zahnkranz		Gänge	Fahrradtyp
3 Zahnräder	×	7 Zahnräder	=	21 Gänge	
3 Zahnräder	×	8 Zahnräder	=	24 Gänge	Trekkingrad
3 Zahnräder	×	9 Zahnräder	=	27 Gänge	Mountainbike
3 Zahnräder	×	10 Zahnräder	=	30 Gänge	
2 Zahnräder	×	11 Zahnräder	=	22 Gänge	Rennrad, MTB
1 Zahnrad	×	12 Zahnräder	=	12 Gänge	Profi-Mountainbike

DAS GANGSCHALTUNGS-EXPERIMENT

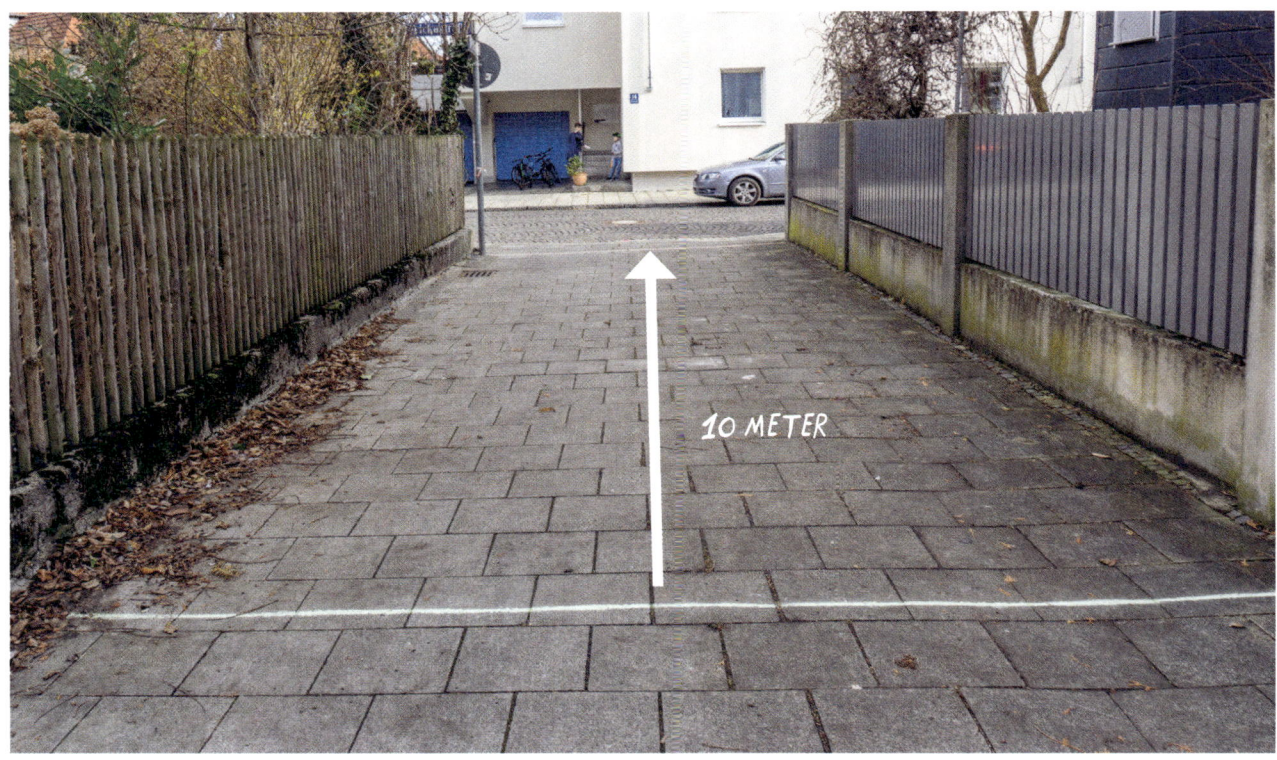

10 METER

„Berg hinauf im kleinen Gang, Berg hinunter im großen Gang." Jeder kennt diese Faustformel. Aber wie funktioniert die Gangschaltung, und kann man pro Gang die gefahrene Strecke ausrechnen?

Ja, hierzu errechnet man das Verhältnis der Anzahl der Zähne des Kettenblatts zu denen des eingestellten Zahnkranzes am Hinterrad. Die Übersetzung ist die Anzahl der Umdrehungen des Hinterrads pro Kurbelbewegung.

JULIUS' 7-GANG-RAD

Bei Julius Fahrrad sieht das so aus: Sein Kettenblatt hat 48 Zähne. Im 1. Gang wird ein Zahnkranz mit 24 Zähnen angetrieben. Das Verhältnis der beiden Zahnräder liegt bei 48 zu 24, also 2. Das heißt, bei einer Drehung der Kurbel vorne dreht sich das Hinterrad zweimal um die eigene Achse. Dies ist eine niedrige Übersetzung.

Schaltet Julius in den 4. Gang, wird der Zahnkranz mit 12 Zähnen angetrieben. Die Übersetzung liegt nun bei 4 (48 zu 12 Zähnen), ist also wesentlich höher. Tritt Julius in die Pedale, kommt er bei einer Kurbelumdrehung vier Hinterradumdrehungen voran. Wenn man nun noch den Umfang des Hinterrads misst, kann man je Gang die zurückgelegte Strecke ausrechnen.

Julius hat dieses Gangschaltungsexperiment durchgeführt. Erst hat er eine Strecke von zehn Metern ausgemessen, und dann ist er diese in sieben Durchläufen je in einem anderen Gang gefahren.

Die Ergebnisse des Experiments zeigen: Je höher er schaltet, desto mehr Kraft muss er aufwenden, desto weniger muss er kurbeln und desto höher ist die Übersetzung.

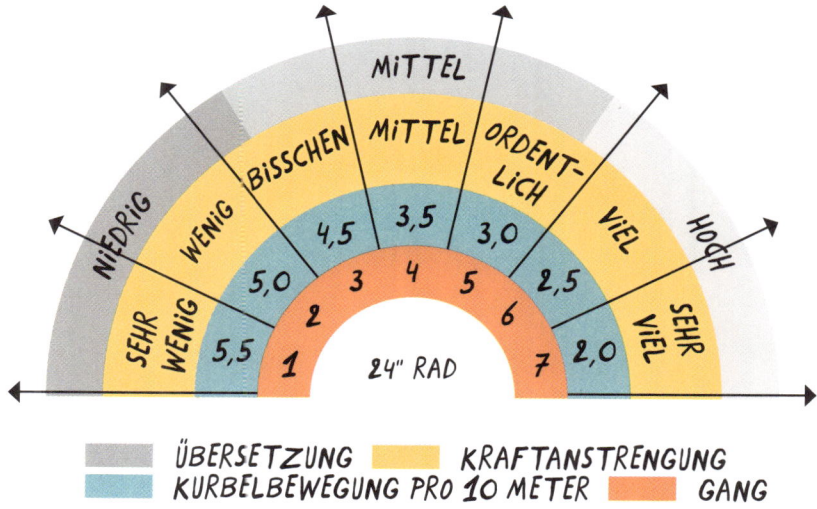

ÜBERSETZUNG KRAFTANSTRENGUNG
KURBELBEWEGUNG PRO 10 METER GANG

LENKER-DIY
FLOWER BIKE POWER

Da ein Lenker ziemlich langweilig aussieht, bringt Julius mit seinen Schwestern mehr Spaß an die Stange. Sei auch kreativ und „pimpe" deinen Lenker!

JULIUS' LEUCHTLENKER

Schneide breite Streifen aus fluoreszierenden Leucht-klebebändern.

Klebe sie auf den Lenker.

Drücke sie fest mit der Hand an den Lenker.

OLIVIAS BLUMENLENKER

Umwickle den Lenker mit bunter Wolle, klemme eine Fahrradvase dran und pflücke bunte Blumen auf der Wiese.

EMILIAS FRANSENLENKER

Fädle das Fransenstück durch eine Holzperle und knote es am Ende fest.

Schneide gleichlange Fransenstücke von farblich unterschiedlichen Geschenkbändern ab.

Binde mit einem Fransenstück eine Schlaufe um die anderen Bänder und verknote diese.

Stecke die Perle in das kleine Loch an deinem Lenkergriff. So halten die Fransen gut.

HEIßE REIFEN QUIETSCHEND BREMSEN

Früher hatten fast alle Fahrräder eine Rücktrittbremse und eine Handbremse. Mit den Füßen stoppte man das Hinterrad, mit der Hand das Vorderrad. Heute gibt es auf den jeweiligen Fahrradtyp abgestimmte Empfehlungen: Das City Bike hat Felgenbremsen, Mountainbikes sind häufig mit Scheibenbremsen ausgestattet, und die klassische Rücktrittbremse findet man bei Kinderrädern. Dabei gibt es wiederum Unterarten, etwa bei den Felgenbremsen mechanische und hydraulische, und die V-Brake und so weiter. Damit du nicht den Überblick verlierst, stellt Julius dir die wichtigsten Bremsen vor.

Außerdem erfährst du in diesem Kapitel alles, was du für die richtige Bereifung deines Bikes wissen musst.

UND

E

REIFEN INSIGHTS

Julius hat für seine Familie eingekauft. Die breite „Schlappe" mit dem Stollenprofil passt zu seinem Mountainbike. Der Reifen daneben ist für das Trekkingrad seiner ältesten Schwester, er ist etwas schmaler, hat aber auch noch ordentlich Grip. Der dritte ist ein Allrounder mit leichtem Rillen- profil, den man sowohl für das Hollandrad seiner mittleren Schwester, als auch für das City Bike seiner Mutter verwenden kann. Der Reifen vorne mit dem roten Leuchtstreifen sieht nicht nur schnell aus, sondern ist es aufgrund seines schmalen, glatten Mantels auch. Den kann sein Vater gut brauchen, da er die Reifen seines Rennrads schon ziemlich runtergefahren hat.

REIFENGRÖßE

Um den richtigen Schlauch für dein Rad zu zu finden, brauchst du die Reifengröße. Sie steht in mehreren Normen auf dem Mantel. Bei Julius sieht das so aus:

- 54-507 → ETRTO (europäische Norm)
  Der Reifen ist 54 Millimeter breit, die Felge hat innen einen Durchmesser von 507 Millimeter.

- 24 x 2,10 → ZOLL (englische Norm)
  Die Felge hat einen Außendurchmesser von 24 Zoll, der Reifen ist 2,10 Zoll breit.

- Auf manchen Reifen findet man auch die französi- sche Norm, zum Beispiel 600 × 35A (600 Millimeter Außendurchmesser, 35 Millimeter Breite, Höhe von A).

REIFENARTEN

Drahtreifen
Die meisten Reifen sind am unteren Ende mit einem steifen Draht durchzogen. Dieser wird durch den Luftdruck im Schlauch in das Felgenbett gedrückt und hält den Reifen fest in der Felge. Zum besseren Pannenschutz gibt es Reifen, in die eine bis zu fünf Millimeter dicke Schicht an elastischem Kautschuk eingearbeitet ist.

Faltreifen
Hier sorgen Kunststofffasern im Mantel für die Stabilität des Reifens. Sie sind je Größe 50 bis 100 Gramm leichter als Drahtreifen, lassen sich gut falten und (als Ersatz) auf Rad- touren mitnehmen. Sie kosten aber auch mehr als die ein- fachen Drahtreifen. Außerdem ist die Montage, besonders für Ungeübte, schwieriger, da der Faltreifen nicht von selbst die runde Form annimmt.

Schlauchreifen
Die Besitzer von alten Rennrädern schwören auf Schlauch- reifen. Bei ihnen ist der Schlauch fest an den Mantel genäht und wird auf eine spezielle Felge geklebt. Das spart Gewicht und gibt dem Reifen auch bei einem Platten noch Stabilität, sodass man mit dem Rad noch weiter rollen kann.

Tubeless-Reifen
Ganz ohne Schlauch kommen diese Reifen aus. Sie sitzen fest auf der Felge, wodurch sie quasi „unplattbar" sind, da es keinen Schlauch zum Platzen gibt. Kleine Löcher dichtet eine spezielle Flüssigkeit ab, die sich im Mantel befindet. Bei Rissen reicht diese „Dichtmilch" allerdings nicht aus. Man findet Tubeless- Reifen unter anderem an hochwertigen Mountainbikes.

REIFENBREITE

Je breiter der Reifen, desto
- besser rollt er im Gelände
- höher ist der Fahrkomfort
- mehr ist er vor Pannen geschützt
- besser „schluckt" er kleine Unebenheiten
- schwerer ist er
- träger lässt er sich lenken

REIFENDRUCK

Grundregel:
Besser etwas zu viel Luft, als zu wenig!

Da Mountainbikes eine gute Bodenhaftung (Grip) brauchen, pumpt man sie nur wenig auf – zwei bis vier Bar reichen. City Bikes und Trekkingräder sollen gut rollen, deshalb bekommen sie mehr Luftdruck (vier bis sechs Bar). Und bei Rennrädern zählt die Geschwindigkeit: Die Reifen sollten möglichst prall aufgepumpt sein, um wenig Berührung mit dem Boden zu haben (sieben bis neun Bar).

0	23	40	47	54	64
	Rennrad	City Bike	Trekkingrad	Mountainbike	Enduro MTB

Angaben in Millimeter und
Maße in Originalgröße

PLATTER REIFEN?
AB IN DEN BOXENSTOPP!
STEP 1: MANTEL ABZIEHEN

Hattest du schon mal einen Platten? Und hast du versucht, den Fahrradschlauch alleine auszu-
tauschen? Es ist eigentlich nicht schwer. Julius zeigt dir, wie es geht. Bevor du den alten Reifen
von der Felge ziehst, prüfe erst einmal, ob nicht das Ventil kaputt ist und der Reifen deshalb Luft
verloren hat.

MIST, DA IST JA GAR KEINE LUFT MEHR DRIN! DER SCHLAUCH HAT EIN LOCH UND MUSS AUSGETAUSCHT WERDEN.

Drücke die beiden Schenkel
zusammen, und hänge die
Bremse aus.

Rad auf Lenker und Sattel stellen und Radschraube lösen.

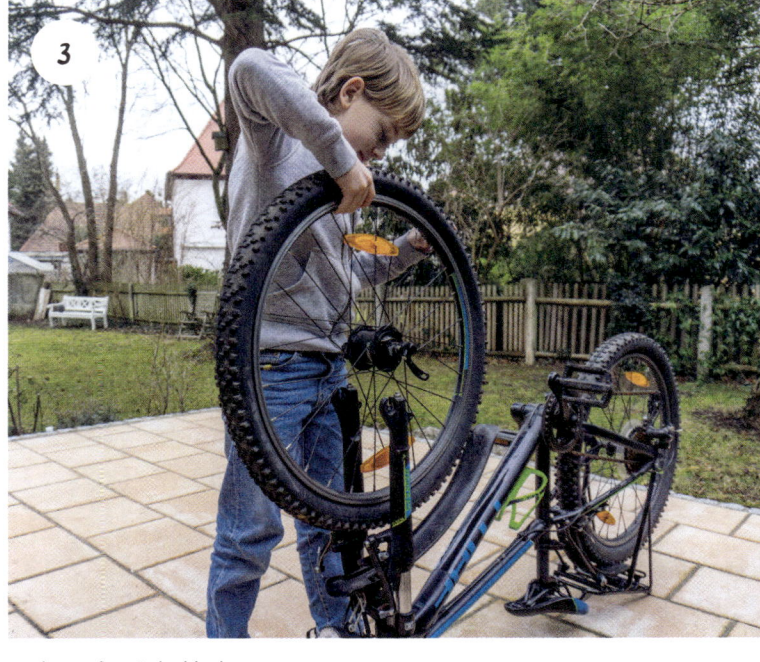

Rad aus der Gabel heben.

Mantel an einer Seite mit zwei Reifenhebern von der Felge ziehen. Dabei einen Heber an der Stelle gegenüber dem Ventil unter den Mantel stecken, den anderen von dort aus zwischen Mantel und Felge rundum entlangführen.

Mit einem Reifenheber auch die andere Seite des Mantels von der Felge ziehen.

SELBST IST DER BIKER

STEP 2: SCHLAUCH FLICKEN

Bevor Julius einen neuen Schlauch im Fahrradladen kauft, probiert er, das Loch selbst zu flicken. Mit normalem Klebstoff hält der Flicken aber nicht auf dem Schlauch – der Druck der Pressluft im Reifen ist zu hoch. Da braucht man einen Spezialkleber, der den Gummi des Schlauchs „vulkanisiert". Dies geschieht in zwei Schritten: Erst löst ein spezielles Mittel in dem Kleber den Kautschuk an der Oberfläche des Schlauchs leicht auf. Wenn dieses Lösungsmittel verdunstet ist, bildet sich ein Klebefilm, der den Flicken dauerhaft mit dem Schlauch verbindet. Den Spezialkleber findet man in jedem Flickzeug-Set.

Den defekten Schlauch aufpumpen.

Die markierte Stelle mit dem Schleifpapier aus dem Flickzeug-Set aufrauen.

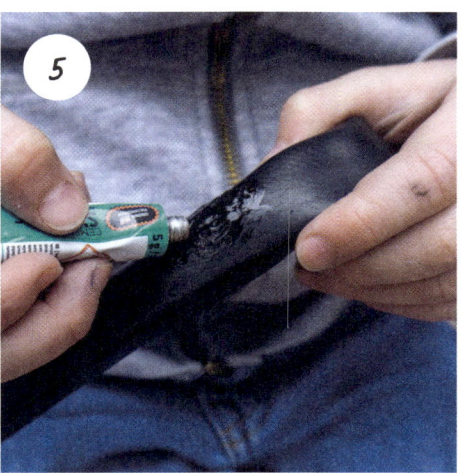

Großzügig den Spezialkleber auftragen und fünf Minuten trocknen lassen.

Den Flicken auf die Klebestelle legen und andrücken.

Genau beobachten, wo Luftbläschen aus dem Schlauch kommen.

Den Schlauch an der Stelle mit dem Loch in einen Eimer mit Wasser halten.

Die kaputte Stelle im Schlauch mit Kreide oder einem Stift markieren.

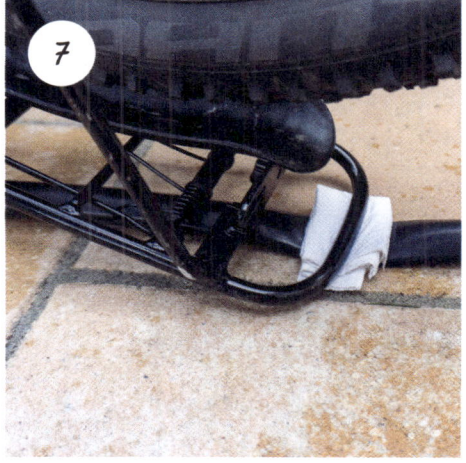

Nun die durchsichtige Folie vom Flicken abziehen.

ALTERNATIVEN, DIE ABER NICHT GUT FUNKTIONIEREN:

Selbstklebende Flicken:
Halten meistens nicht dauerhaft

Pannensprays: Verkleben oft die Ventile

Spezialschläuche mit Dichtmittelfüllung:
Können den Schlauch verschmieren, sodass der Flicken nicht hält

Einen schweren Gegenstand auf den Flicken legen und den Kleber zehn Minuten vulkanisieren lassen.

NEUER REIFEN, NEUES GLÜCK
STEP 3: MANTEL AUFZIEHEN

Zum Schluss baut Julius wieder alles zusammen. Jetzt weißt du, wie man einen platten Reifen repariert. Bei normalen Löchern reicht ein Flicken. Wenn du in eine große Glasscherbe gefahren bist und der Schlauch nicht mehr zu retten ist, kauf einen neuen im Fahrradladen.

Damit du den richtigen Schlauch findest, notiere dir vorher die Reifengröße, die auf dem Mantel steht (siehe auch Seite 40).

Den Mantel wieder auf die Felge stecken. Das Ventil dabei in das Loch der Felge stecken.

Reifen aufpumpen.

46

Mit einem Handtuch die Innenseite des Mantels und das Felgenbett abwischen, sodass keine Steinchen später am Schlauch scheuern können.

Den kaputten Schlauch gegen einen neuen austauschen.

Reifen auf Gabel stecken.

Bremse wieder schließen.

FERTIG!

REIFEN-DIY

BUNTE SPEICHEN
SELBST GEMACHT

Alles schön bunt hier: Je nach Lust und Laune kannst du Farbe auf die Speichen bringen. Ob bunt, einfarbig, mit Muster oder deinem Namen – deiner Fantasie sind keine Grenzen gesetzt. Julius hat Lust auf rot-blau-grün-gelbe Speichen.

Keine Sorge, die Plastiktrinkhalme hatte Julius noch im Keller gefunden. Du kannst auch ökologisch abbaubare Alternativen aus Papier, Stroh, Weizen oder Bambus nehmen. Wenn das Material zu hart für die Schere ist, verwendest du eine feine Säge.

Die Trinkhalme in unterschiedlich lange Stücke schneiden. Für die Speichen, an denen die Reflektoren hängen, brauchst du kürzere Stücke.

Nun der Länge nach die Halme aufschneiden. Dabei mit der Schere an der Öffnung ansetzen, schrittweise schneiden, und am Ende umgreifen, damit du dir nicht in den Finger schneidest.

Für das Befestigen der Trinkhalme an den Speichen brauchst du Geduld. Wenn du aber eine Ecke vom Halm draufhast, rutscht der Rest meistens gut nach.

Am Ende prüfen, ob das Muster der bunten Speichen am Rad so aussieht, wie du es dir vorgestellt hast.

WARUM QUIETSCHEN BREMSEN?

Auch wenn du eine Vollbremsung machst, sollten deine Bremsen nicht quietschen. Tun sie es, sind sie falsch eingestellt. Das kann passieren, wenn die Bremsklötze nicht parallel zu den Felgen sitzen. Auf Seite 56 findest du eine Anleitung, wie du das regulieren kannst. Es kann auch sein, dass die Bremsklötze oder die Felgen verschmutzt sind. Hier hilft ein Tuch, mit dem du den Schmutz abwischst.

RÜCKTRITTBREMSE

Mit dieser Bremse sind Oma und Opa groß geworden. Sie gilt als veraltet, wird aber bei Kinderrädern und City Bikes (als dritte Bremse) immer noch verbaut. Es gibt sie schon über 100 Jahre und das nicht ohne Grund: Sie ist einfach zu bedienen, nämlich durch das Rücktreten der Pedale. Dadurch, dass sich die Rücktrittbremse in der hinteren Nabe befindet, ist sie unabhängig vom Wetter. Für das Vorderrad benötigt man eine zusätzliche Bremse. Die Rücktrittbremse ist sehr robust und wartungsarm. Dafür hat sie eine geringe Bremskraft, ein hohes Gewicht und lässt sich schwer dosieren.

ROLLENBREMSE

Die Rollenbremse ist wie die Rücktrittbremse innerhalb der Nabe montiert. Dadurch ist sie witterungsunabhängig und benötigt wenig Wartung. Sie wird am Vorderrad befestigt und über einen Bremszug betätigt. Dabei drücken sogenannte Nocken Metallrollen gegen die Innenwand der Nabe, die Drehung der Nabe und damit des Rads wird abgebremst. An der Bremse ist eine Kühlscheibe befestigt, die den Fahrtwind aufnimmt und die Einzelteile der Rollenbremse abkühlt. Bei längerem Bremsen kann die Rollenbremse überhitzen und an Bremskraft verlieren. Insofern ist die Bremse eher für Städte- und Flachlandtouren geeignet.

MECHANISCHE FELGENBREMSE (V-BRAKE)

Diese Bremse findest du an den meisten Fahrrädern. Über den Bremszug werden zwei Bremsklötze seitlich auf die Felgen gedrückt. Dadurch entsteht Reibung, durch die sich die Geschwindigkeit reduziert. Die V-Brake lässt sich gut dosieren, ist vergleichsweise leicht, unkompliziert einzustellen und preisgünstig. Allerdings verschleißen die Bremsklötze gerade durch Nässe und Schmutz schneller als bei „geschlossenen" Nabenbremsen. Die V-Brake eignet sich vor allem für Fahrer, die häufig auf ebenen Fahrbahnen, zum Beispiel im Stadtverkehr, unterwegs sind.

Bei Scheibenbremsen können öfter Geräusche auftreten, das ist bis zu einem gewissen Grad normal. Wenn du etwa leicht und lange bremst, werden die Bremsbeläge sehr heiß und können dadurch „verglasen". Das wiederum führt dauerhaft zu Quietschgeräuschen beim Bremsen. In diesem Fall versuche, den verglasten Belag durch kräftiges Intervallbremsen – am besten bei einer Bergabfahrt – wegzuschleifen. Wenn das nicht hilft, solltest du die Beläge austauschen (lassen).

Im Folgenden erfährst du jede Menge über Bremsen: Welche unterschiedliche Arten gibt es? Zu welchen Fahrradtypen passen sie? Wie funktionieren sie? Und was sind die Vor- und Nachteile?

HYDRAULISCHE FELGENBREMSE

Diese hydraulische Bremse hat ein besonderes Bremsverhalten. Du brauchst weniger Handkraft, um sie zu betätigen, und kannst die Bremsleistung besser dosieren als bei mechanischen Bremsen. Man erkennt sie an den Bremszylindern, die an einem Bügel oder einer Platte seitlich am Reifen angebracht sind. Diese Zylinder drücken die Bremsklötze direkt auf die Felgen. Anstatt eines Bremszugs aus Draht hat die hydraulische Felgenbremse eine Bremsleitung, die mit Bremsflüssigkeit oder Mineralöl gefüllt ist. Sie verschleißt relativ wenig. Allerdings ist sie teurer als die mechanische Variante, und bei Nässe lässt die Bremswirkung auch bei ihr nach.

MECHANISCHE SCHEIBENBREMSE

Die Scheibenbremse wird an immer mehr Fahrrädern verbaut. Neben Mountainbikes findet man sie an Trekkingrädern, Rennrädern und E-Bikes. Hierbei sind Scheiben an der Vorder- und Hinterradnabe montiert. Wenn du den Bremshebel ziehst, werden Bremsbeläge durch Kolben auf diese Scheiben gepresst und das Rad dadurch gebremst. Sie hat eine sehr starke Bremsleistung und lässt sich leicht dosieren. Auch bei schlechtem Wetter funktioniert sie sehr gut. Sie ist allerdings schwerer und teurer als eine Felgenbremse und aufwendiger einzustellen. Bekommt die Bremsscheibe mal einen Schlag ab, musst du sie in einem Fahrradladen reparieren lassen.

HYDRAULISCHE SCHEIBENBREMSE

Wenn es auf die Bremskraft ankommt, ist die hydraulische Scheibenbremse ideal: Sie reagiert schon bei leichter Betätigung des Bremshebels und blockiert das Rad bei einer Vollbremsung. Bei Mountainbikern und Downhill Racern ist diese Bremse sehr beliebt, da sie auch bei schlechtem Wetter und im Outdoor-Gelände sehr zuverlässig bremst. Neben den vielen Vorteilen hat sie einen relativ hohen Preis und benötigt für Wartung und Reparatur Spezialwerkzeug.

SCHON MAL EINE VOLLBREMS

Du bretterst einen Waldweg entlang. Plötzlich springt ein Hund aus dem Gebüsch und bleibt vor dir stehen. Wenn du nicht ausweichen kannst, musst du in die Eisen steigen – Vollbremsung mit quietschenden Bremsen. Das ist gefährlich, da du dich überschlagen oder wegrutschen kannst oder nicht mehr rechtzeitig zum Stehen kommst.

Wenn du ein paar Tipps beachtest, bist du auf deine nächste Vollbremsung besser vorbereitet.

1. BREMSWEG ERRECHNEN

Du kannst den normalen Bremsweg mit einer einfachen Formel bestimmen:

Bremsweg = [Geschwindigkeit : 10] · [Geschwindigkeit : 10]

Hierzu brauchst du einen Tachometer, der deine Geschwindigkeit anzeigt. Wenn du keinen hast, bitte jemanden, mit Tacho neben dir zu fahren und die Geschwindigkeit zu messen. Mit der Zeit bekommst du ein Gefühl, wie schnell zum Beispiel 10 km/h sind.

BEISPIEL: DU FÄHRST 20 KM/H UND BREMST DEIN RAD. DER BREMSWEG ERRECHNET SICH SO:

[20 km/h : 10] · [20 km/h : 10] = 2 · 2 = 4 m

NACH 4 METERN STOPPT DEIN RAD.

Diese Formel gilt nur allgemein. Der tatsächliche Bremsweg ist abhängig von dem Untergrund (Straße, Kiesweg, Waldweg) und dem Wetter (Sonne, Regen, Schnee).

UNG GEMACHT?

2. REAKTIONSZEIT BEACHTEN

Bevor du eine Vollbremsung machst, muss dein Gehirn erst zwei Dinge tun:

1. Registrieren,
dass du bremsen musst (weil du einem Hindernis nicht mehr ausweichen kannst) und
2. Reagieren,
das heißt deine Hände oder auch Füße dazu bringen, dass sie die Bremsen ziehen oder treten. In einer Schocksituation brauchst du etwa eine Sekunde, bevor du anfängst zu bremsen.

3. VOLLBREMSUNG BEI GEFAHR

Wenn du bei einer Notbremsung voll in die Eisen steigst, sodass die Reifen blockieren, kommst du schneller zum Stehen. Die Formel für den kürzeren Bremsweg lautet:

Bremsweg = [Geschwindigkeit : 10] · [Geschwindigkeit : 10] : 2

BEISPIEL: DU FÄHRST 20 KM/H UND MACHST EINE VOLLBREMSUNG. DER BREMSWEG ERRECHNET SICH SO:

[20 km/h : 10] · [20 km/h : 10] : 2 = 2 · 2 : 2 = 2 m

NACH 2 METERN STOPPT DEIN RAD.

4. BREMSEN ÜBEN

Nimm Anlauf und bremse bei unterschiedlichen Geschwindigkeiten und auf unterschiedlichen Untergründen. Das gibt dir ein Gefühl dafür, wie dein Fahrrad reagiert.
Auf den nächsten Seiten findest du ein paar Bremstests von Julius.

JULIUS' ULTIMATIVER BREMS

BREMSWEG: NASSES KOPFSTEINPFLASTER 4,65 M

WALDWEG 2,80 M

TROCKENES KOPFSTEIN-PFLASTER 3,40 M

TROCKENER ASPHALT 4,55 M

TEST

Julius will's wissen! Welchen Einfluss hat die Fahrbahn auf den Bremsweg? Muss er bei Regen auf der Straße vorsichtiger fahren? Wie bremst es sich auf Kies?

Mit zwei bunten Eimerchen, einem Maßband und einem Kanister voll Wasser ausgestattet, führt er mit seinem Rad Bremstests auf mehreren Böden durch. Hierfür wählt er zwei Straßen (Asphalt und Kopfsteinpflaster), einen Kiesweg und einen sandigen Waldweg.

Nun kommt der Test. Hierzu markiert er mit den bunten Eimerchen eine Linie, nimmt Anlauf und beschleunigt sein Rad mit Vollgas. Sobald er mit seinem Vorderreifen zwischen den Eimerchen durchfährt, macht er eine Vollbremsung. Den Bremsweg misst er zwischen dem Vorderrad und der markierten Linie.

Je mehr Grip die Reifen haben, desto kürzer ist der Bremsweg. Auf dem Waldweg können sich die Reifen viel besser in die Erde „greifen" als auf dem trockenen Kiesweg – hier rutschen die Reifen nur weg. Probier es selbst aus!

NASSER ASPHALT 4,70 M

NASSER KIES 6,30 M

TROCKENER KIES 7,70 M

KLÖTZCHENTAUSCH

Wie die meisten seiner Freunde hat Julius an seinem Fahrrad Felgenbremsen. Und die wiederum haben Bremsklötze, die beim Bremsen an die Felgen gedrückt werden. Durch die Reibung und den Schmutz, der sich auf den Klötzen sammelt, verschleißen diese und sollten ab und an getauscht werden. Bei Julius ist es nun soweit, die Bremsen ziehen nicht mehr richtig. Er zeigt dir, wie der Klötzchentausch funktioniert.

Drücke die beiden Schenkel zusammen und hänge die Bremse aus.

Schraube mit einem 5-Millimeter-Inbusschlüssel den alten Bremsklotz ab.

Sei vorsichtig, dass die Unterlegscheiben nicht runterfallen.

Merke dir die Reihenfolge der kleinen Scheiben.

Setz den neuen Bremsklotz mit den Scheiben in der richtigen Reihenfolge ein.

Schraube den neuen Klotz mit dem Inbusschlüssel parallel zur Felge fest.

Häng die Bremse wieder ein.

NUN ZIEHT DIE BREMSE WIEDER ORDENTLICH!

BREMSEN-DIY

AUS FAHRRADBREMSE MACH SCHREIBTISCH-LAMPE

Julius altes Kinderrad hat nicht nur eine verbogene Felge, sondern auch eine gerissene Kette, eine kaputte Gangschaltung und eine ausgeleierte Handbremse. Bevor der Drahtesel auf dem Wertstoffhof landet, hat Julius eine geniale Upcycling-Idee: eine „Bremslampe".

Hierzu baut er erst einmal den Bremshebel aus und sucht im Keller nach einer alten Lampe mit einem Zugschalter.

Mit einem scharfen Messer vorsichtig einen Keil aus einem Korken herausschneiden.

Den Korken auf den Arm der Lampe stecken.

Das Kabel der Lampe in die Halterung des Bremshebels stecken.

Den Bremshebel über den Korken schieben.

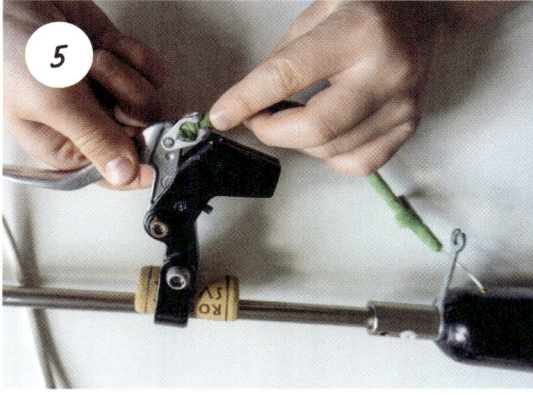

Den Zugschalter über eine Schnur mit dem Bremshebel verbinden.

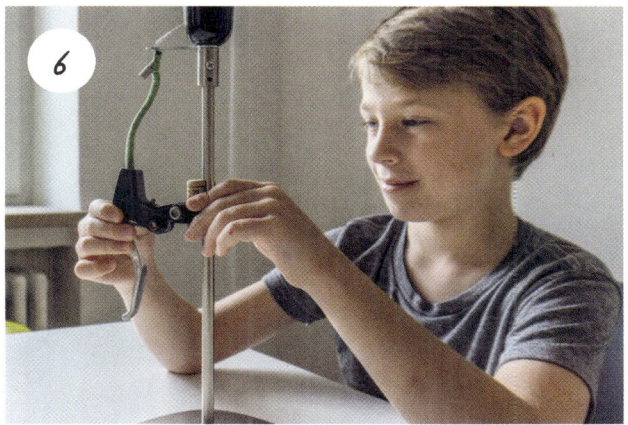

Die Bremse mit dem Korken soweit hinunterzieher , bis die Schnur gespannt ist.

NUN KANNST DU
DiE LAMPE MiT
DEM BREMSHEBEL
AN UND AUS-
SCHALTEN.

Den Bremshebel fest an den Lampenarm anschrauben.

SICHERHEIT GEHT VOR!

So ein Fullface-Helm schützt nicht nur den Kopf, sondern auch das Gesicht und das Kinn. Allerdings musst du ihn nach einem Sturz auf dem Kopf austauschen, auch wenn er auf den ersten Blick unversehrt aussieht. Er kann leichte Risse, Löcher oder Dellen abbekommen haben, die die Stabilität des Helms beeinträchtigen. Was ein Fahrradhelm alles aushält, hat Julius mit einem Hammer getestet. Sei gespannt!

Im Straßenverkehr ist es wichtig, dass du gehört und gesehen wirst. Aber taugen deine Klingel und deine Lampen was? Julius zeigt dir eine Anleitung, beides zu testen. Auch wichtig: Kennst du dich mit Verkehrsschildern aus? Ist dein Rad verkehrssicher? Schau gleich mal auf den nächsten Seiten nach!

ÄRGER MIT DER POLIZEI? BESSER NICHT!

Was muss ein Rad alles haben? Schutzblech, Gepäckträger, Gangschaltung, Ständer? Nein, keins von diesen Teilen. Sie sind zwar hilfreich, aber von der Polizei nicht vorgeschrieben.

Die achtet auf die Verkehrssicherheit im Straßenverkehr und bei Radfahrern vor allem auf die Bremsen und die Beleuchtung. Welche Teile du an deinem Fahrrad zwingend haben musst, zeigt Julius dir auf dem Bild.

ROTER REFLEKTOR

ROTES RÜCKLICHT

2 GELBE KATZENAUGEN JE RAD ODER WEIßE REFLEKTIERENDE STREIFEN AN SPEICHEN, FELGEN ODER REIFEN

HELLTÖNENDE KLINGEL

2 VONEINANDER UNABHÄNGIGE BREMSEN

WEIßER SCHEINWERFER

WEIßER REFLEKTOR

DYNAMO ODER BATTERIELICHT

2 GELBE REFLEKTOREN JE PEDAL

Damit auf den Straßen kein Chaos herrscht, gibt es Schilder, die den Verkehr regeln. Oft wird über den „Schilderwald" geschimpft – nicht ohne Grund, denn in Deutschland alleine stehen 20 Millionen Schilder. Das bedeutet, dass du im Durchschnitt alle 28 Meter an einem Verkehrszeichen vorbeikommst.

Noch ein Rekord: Es gibt 1.000 unterschiedliche Verkehrsschilder. Wer soll da den Überblick behalten? Keine Sorge, Julius zeigt dir die wichtigsten.

BEGINN EINER FAHRRADSTRAßE

Motorräder und Autos dürfen hier zwar auch fahren, müssen sich aber dem Radverkehr anpassen. Es gilt eine Höchstgeschwindigkeit von 30 km/h.

EINBAHNSTRAßE

Du darfst diese Straße nur in eine Richtung befahren.

VERBOT FÜR RADVERKEHR

Du darfst hier nicht fahren, andere Fahrzeuge schon.

ACHTUNG FAHRRAD!

Achtung! Hier können Fahrradfahrer die Straße kreuzen.

VORFAHRTSTRAßE

Du hast auf deiner Straße solange Vorfahrt, bis das Zeichen „Ende der Vorfahrtsstraße" kommt.

RADWEG

Hier bist du auf einem Sonderweg für Fahrradfahrer.

GEMEINSAMER FUß- UND RADWEG

Du benutzt mit den Fußgängern diesen Weg gemeinsam, musst aber auf sie Rücksicht nehmen.

VERBOT DER EINFAHRT

Du darfst in diese Straße nicht entgegen der Einbahnrichtung einfahren.

VORFAHRT GEWÄHREN!

An dieser Einmündung haben die Fahrzeuge, die quer zu deiner Straße fahren, Vorfahrt.

VORFAHRT

An der nächsten Einmündung hast du Vorfahrt.

ENDLICH „GEPRÜFTER RADFA

Ein Highlights aller Grundschulkinder ist die Fahrradprüfung. Wochenlang hat sich Julius vorbereitet: Wann ist das Rad verkehrssicher? Was muss man regelmäßig überprüfen? Welche Kleidung sollte man im Straßenverkehr tragen? Wie biegt man sicher ab? Wer hat Vorfahrt? Wie fährt man an Hindernissen vorbei? Wo ist der tote Winkel? Was bedeuten die Verkehrszeichen?

Den schriftlichen Test besteht er mit Bravour. Nun muss er den Polizisten zeigen, dass er sicher im „Realverkehr" – also auf echten Straßen – fahren kann. Mehrere Male umkreist er an einem verregneten Tag den Fahrradparcours auf dem Schulhof. Und besteht auch diese Prüfung. Nun darf er den Aufkleber „Geprüfter Radfahrer" auf seinen Fahrradrahmen kleben und künftig wie seine Eltern und Schwestern auf der Straße fahren.

TOP 10 FÜR „GEPRÜFTE RADFAHRER"*

* Regeln aus der Straßenverkehrsordnung

1. Möglichst weit rechts fahren!
2. Ab 10 Jahren nicht auf Gehweg fahren!
3. Einzeln hintereinanderfahren!
4. Ausreichend Abstand zum Vorausfahrenden halten!
5. Stets links überholen!
6. An Kreuzungen und Einmündungen Vorfahrtsschilder oder die Regel „rechts vor links" beachten!
7. Handzeichen beim Abbiegen geben!
8. Schon bei Gelb vor der Ampel anhalten!
9. Bei Dämmerung Licht einschalten und Geschwindigkeit anpassen!
10. Nicht freihändig fahren und sich nicht an Fahrzeuge anhängen!

HRER"!

1. Übung:
Kreuzung ohne Beschilderung

Frage: Wer darf zuerst fahren? Der LKW-Fahrer gibt den anderen ein Zeichen, dass er auf seine Vorfahrt verzichtet.

Antwort: An dieser Kreuzung gilt „rechts vor links". Erst fährt der Radfahrer, dann der Autofahrer, danach der Motorradfahrer und zum Schluss der Lastwagenfahrer über die Kreuzung.

2. Übung:
Abknickende Vorfahrtstraße

Frage: Wer darf zuerst fahren?
Der Radfahrer oder der Autofahrer?

Antwort: Der Radfahrer befindet sich auf der Vorfahrtstraße und darf als erster auf der Kreuzung abbiegen.

HELM-SHOW

Du solltest beim Radfahren immer einen Helm tragen, denn er schützt dein Leben. Bei einem Aufprall wirkt der Schaumstoff im Helm wie eine Knautschzone und reduziert die Gefahr einer Gehirnerschütterung oder sogar eines Schädelbruchs. Bei einem Hartschalenhelm wird die Kraft des Aufpralls auf eine größere Fläche verteilt. Grundsätzlich verhindert der Helm, dass du dir bei einem Sturz Verletzungen wie Abschürfungen, Platzwunden und Prellungen am Kopf zuziehst. Und mit Steckschild bist du zusätzlich vor Ästen, Regen und der tiefstehenden Sonne geschützt.

LEBENSDAUER EINES HELMS

Solltest du einmal stürzen und auf dem Helm landen, muss er auf jeden Fall getauscht werden. Der Helm hat nach einem Sturz seine Aufgabe erfüllt, denn nicht selten entstehen dadurch feine Risse, die du nicht siehst, die dem Helm aber die Stabilität nehmen. Auch ohne Defekt solltest Du deinen Helm alle drei bis fünf Jahre durch einen neuen ersetzen, da sich das Material – gerade bei häufigem Tragen – abnutzt.

PASST DER HELM?

– Der Helm sollte gut sitzen und sowohl Stirn als auch Hinterkopf bedecken. Optimal sitzt der Helm zwei Finger über den Augenbrauen.
– Der Riemen sollte den Helm gut halten, jedoch auch nicht zu eng sitzen. Auch hier sollten ein bis zwei Finger zwischen Kinn und Riemen passen.
– Um die richtige Größe festzustellen, machst du am besten den „Schütteltest": Setz den Helm auf den Kopf und lass die Riemen offen. Wenn du den Kopf schüttelst oder nach vorne beugst, darf der Helm weder rutschen noch herunterfallen.

HELMTYPEN

Je cooler der Helm, desto lieber wird er getragen. Julius zeigt dir in einer kleinen „Helm-Show" seine vier Favoriten.

2

4

1 Jugendhelm

Der Helm für alle Fälle: leicht, luftig und stabil. Die harte Außenschale ist mit dem Innenteil fest verbunden, das gibt Stabilität. Zum Schutz vor Sonne und Dreck ist an der vorderen Kante ein abnehmbares Steckschild befestigt. Und im Sommer der Hit: Die Lüftungsschlitze sind mit einem Insektengitter versehen.

2 Rennradhelm

Er ist der „schnellste" Helm in der Show. Einerseits schneidet er im Windkanal mit seiner aerodynamische Form sehr gut ab, anderseits ist er ein Leichtgewicht. Das hängt auch mit den großen Belüftungsschlitzen zusammen, die deinen Kopf gegen Überhitzung schützen. Trotz der Leichtigkeit ist der Rennradhelm aufgrund der Kombination von hartem Kunststoff außen und fester Styroporschicht innen extrem stabil.

3 BMX-Helm

Er muss viel aushalten, denn beim BMX-Fahren (Bicycle Motocross) werden waghalsige Stunts gemacht. Der Helm hat außen eine stabile Hartplastikschale und innen eine dicke Styroporschicht. Die Seiten und der Nackenbereich sind tiefer gezogen als bei anderen Helmen, um den Kopf gut zu schützen. Da es beim Biken heiß hergeht, sind BMX-Helme mit Luftlöchern ausgestattet. Julius gefällt vor allem, dass der BMX-Helm sehr stylisch aussieht.

4 Fullface-Helm

Dieser Helm sieht wie ein Motorradhelm aus und schützt das ganze Gesicht – außen durch eine feste Schale, innen durch ein dickes Innenpolster. Das brauchen die Downhill Biker auch, wenn sie mit irrer Geschwindigkeit die Pisten mit Schotter, Steinen und Wurzeln runterbrettern. Manche Helme haben ein Visier, andere fahren mit speziellen Brillen, um die Augen gegen Matsch, Staub, Regen, starkes Sonnenlicht und Äste zu schützen. Um einen kühlen Kopf zu bewahren, gibt es Windkanalsysteme, Kinn- und Stirnbelüftungen.

CRASHTEST
WER IST HÄRTER? DER HAMMER ODER DIE KNOLLE?

Laut DIN-Norm EN 1078 müssen Fahrradhelme den Kopf vor einem Aufprall auf einen spitzen Gegenstand mit einer Geschwindigkeit von bis zu 16,5 Kilometern pro Stunde schützen. Das entspricht ungefähr der Geschwindigkeit, mit der du einen Hammer auf einen Nagel schlägst – oder auf einen Fahrradhelm. Julius macht den Crashtest.

WAS MAN BRAUCHT

EINEN ALTEN HELM

EINEN TESTER MIT EINEM HAMMER

CRASH TEST DUMMIES

FAZIT

Test bestanden! Der Helm hat nach zehn Schlägen mit dem Hammer ein paar Beulen und Kratzer in der Außenschale bekommen, das Innenpolster aus Styropor ist gebrochen und das LED-Rücklicht herausgefallen – sonst nichts! Damit ist der Helm für den weiteren Gebrauch zwar nicht mehr geeignet, aber die Crash Test Dummies haben überlebt.

GESEHEN UND GEHÖRT

Auf der Straße von anderen gesehen und gehört zu werden, ist wichtig. Deshalb gehören Lampen und Klingeln zur Standardausrüstung eines Fahrrads. Welche Systeme gibt es und worin liegen die Unterschiede? Julius klärt dich auf.

DAMIT WIRST DU GESEHEN

RÜCKLICHT

Glühlampen oder LEDs strahlen rotes Licht durch eine Streuscheibe diffus nach hinten. Das Rücklicht ist entweder fest montiert und wird über einen Dynamo betrieben oder lässt sich in der Batterie-/Akku-Variante an das Sitzrohr oder den Gepäckträger stecken.

SEITENLÄUFERDYNAMO

Der Klassiker unter den Dynamos. Durch den Reifen wird ein Rädchen am Dynamo bewegt, das wiederum einen Magneten im Inneren zum Rotieren bringt und Strom erzeugt. Es gibt jedoch zahlreiche Nachteile: Du brauchst zusätzliche Kraft, die Laufgeräusche sind hoch, bei Feuchtigkeit kann der Dynamo abrutschen, und durch die Reibung nutzt sich der Dynamo ab.

FRONTSCHEINWERFER

Sie sind häufig mit LED-Lampen ausgestattet, da diese besonders hell leuchten und eine lange Lebensdauer haben. Bei älteren Rädern findet man auch Glüh- und Halogenlampen. Scheinwerfer, die über Dynamos betrieben werden, sind fest am Fahrrad installiert, aber auch mobile Lampen sind erlaubt. Häufig ist der ebenfalls vorgeschriebene weiße Reflektor vorne im Scheinwerfer integriert.

HELMLAMPE

Manche Helme haben ein Licht an der Hinterseite integriert, womit man im Dunkeln besser gesehen wird. Die roten LED-Lampen sind entweder mit Batterien ausgestattet oder haben Akkus zum Aufladen.

NABENDYNAMO

Die meisten Fahrräder werden heute mit dem Nabendynamo ausgestattet, da er gegenüber Witterung unabhängig, lautlos und wartungsfrei ist. Eingeschaltet wird er mit dem Frontscheinwerfer, der meistens mit dem Rücklicht gekoppelt ist. Der Nabendynamo ist sehr leichtläufig, du spürst ihn beim Treten nicht. Eine Reparatur ist allerdings aufwendiger als beim Seitenläuferdynamo.

SPEICHENREFLEKTOREN

Zwei Reflektoren, auch Katzenaugen genannt, sind Pflicht am Vorder- und am Hinterrad. Sie sind leicht an den Speichen zu befestigen und haben eine hohe Reflexionsleistung. Die Farbe ist übrigens bewusst gewählt, um sich von den Reflektoren hinten (rot) und vorne (weiß) zu unterscheiden.

KLASSISCHE KLINGEL

Sie hat ein mechanisches Schlagwerk, das in der Glocke verbaut ist. Wenn du den Schlägel drückst, der aus der Glocke herausragt, drehen sich zwei Metallscheiben und stoßen an die Innenwand der Glocke. Dadurch entsteht das bekannte „Ding Dong".

MINI-KLINGEL

Moderner als die klassische Klingel ist diese Mini-Klingel mit einem Federschlagwerk. Bei ihr wird der äußere Schlägel, der an einer Feder befestigt ist, „gezupft". Durch die Feder schnellt er zurück und stößt dabei auf die Glocke wie ein kleines Hämmerchen.

FAHRRADHUPE

Sie sieht zwar toll aus – es gibt sie als klassisches, silbernes Signalhorn, aber auch als Frosch, Tiger, Einhorn, Ente, Fußball, Rakete et cetera. Dennoch ist eine Hupe am Fahrrad nicht erlaubt, höchstens als Zweitklingel.

DER GROßE LICHTTEST

Tagsüber sind Julius und seine Schwestern gut zu sehen. Aber wie sieht es aus, nachdem die Sonne untergegangen ist? Die drei wollen es wissen und machen den großen Lichttest: um 15 Uhr, um 18 Uhr und um 22 Uhr.

SPEICHEN-REFLEKTOR

LED-BATTERIE-RÜCKLICHT FÜR FAHRRADHELM

LED-AKKUSCHEINWERFER

EMILIA

OLIVIA

LED-BATTERIE-RÜCKLICHT

DIODENRÜCKLICHT FÜR NABENDYNAMO

LED-SCHEINWERFER FÜR NABENDYNAMO

SCHEINWERFER

Den Anfang macht der Nachmittagstest. Da es an diesem Frühlingstag hell ist, ist eine Beleuchtung nicht notwendig. Dennoch sind Julius' festmontierter und Emilias mobiler Scheinwerfer mit ihren weißen Lichtpunkten gut sichtbar.

Dir ist bestimmt schon mal aufgefallen, dass viele Motoradfahrer auch tagsüber ihr Licht angeschaltet haben. Jetzt weißt du, warum.

Während der Dämmerung sollte man das Licht anknipsen. Radfahrer sind schlechter zu sehen, die beiden Scheinwerfer und Rücklichter dafür umso besser. Der (nicht angestrahlte) Reflektor ist keine große Hilfe zu dieser Uhrzeit.

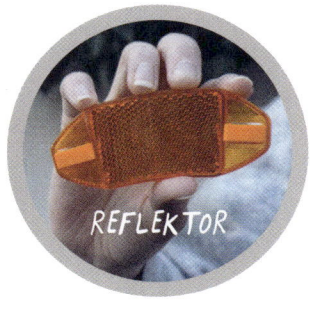

REFLEKTOR

Nachts zeigt sich, wie wichtig das Vorder- und Rücklicht sind. Aber auch ein Helmlicht hilft, dich besser zu erkennen.

HELMLAMPE

DIY MIT FAHRRAD-LICHT

DISCO, DISCO!

Julius hat Langeweile und bald Geburtstag.
Da plant er eine Party mit seiner Lieblings-
playlist. Und damit es richtig rockt, braucht
er noch eine Discokugel. Im Fahrradladen
hat er Reflektoren geschenkt bekommen.
Dazu „leiht" er sich noch Wolle von Oma,
Geschenkbänder von Mama und eine
Styroporkugel und Klebeband von seiner
Schwester – und schon geht's los.

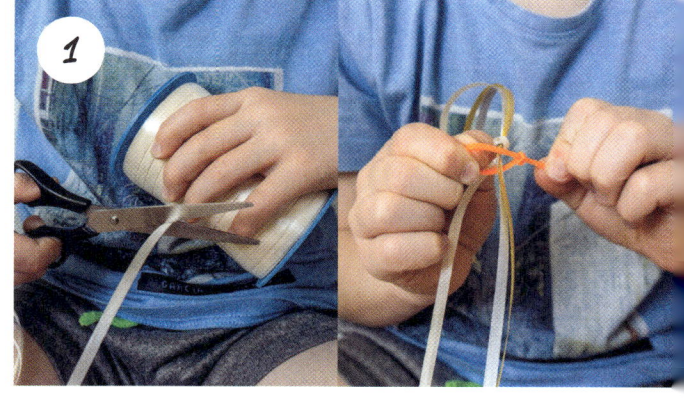

Geschenkbänder auf einen Meter Länge abschneiden
und zusammenknoten. Am Ende einen Kabelbinder, einen
Draht oder etwas anderes „Sperriges" befestigen.

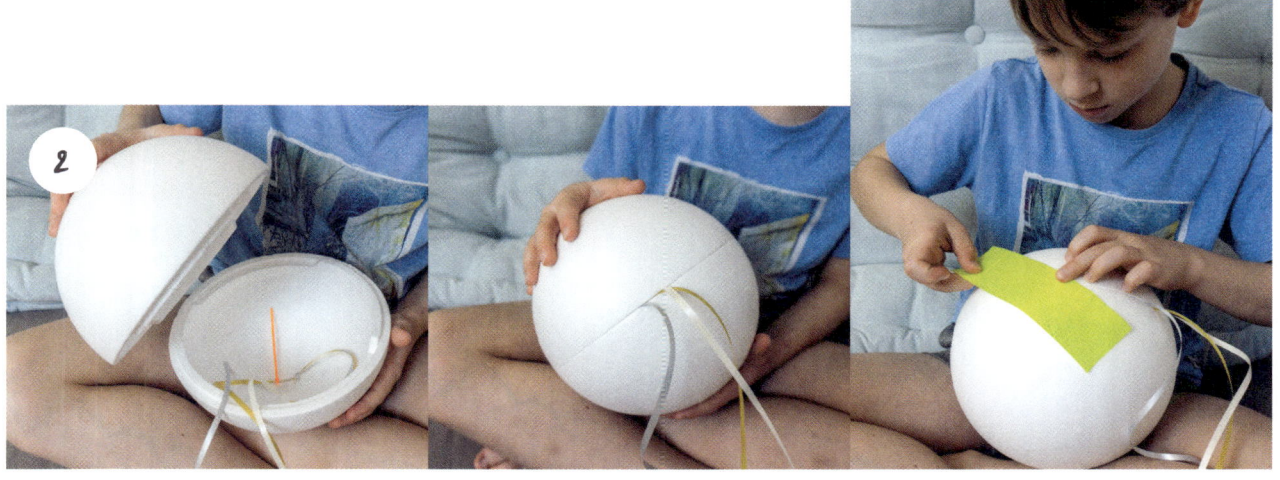

Das Ende der Bänder in die Styroporkugel legen, die Kugel verschließen und mit Klebestreifen zukleben.

Die Wolle um die Kugel wickeln, kreuzen und verknoten. Dabei die Fäden mit Klebestreifen auf der Kugel fixieren.

Die Reflektoren in den Wollfäden einhaken.

DISCOKUGEL AUFHÄNGEN UND „LET'S DANCE"

GLOCKENTEST UNTER FREUNDEN

Julius hat die Garage aufgeräumt und mehrere Fahrradklingeln gefunden. Nun will er wissen, welche am besten klingelt und lädt seine Freunde Mio und Noah zum „Glockentest" in den Garten ein.

1 FUSSBALLKLINGEL

Sie begeistert jedes Fußballerherz im Sturm (und auch in der Abwehr) und führt ständig in Versuchung, den Ball zu treten: die Fußballklingel. Technisch gesehen ist sie eine Mini-Klingel mit einem Federschlagwerk.

2 MINI-KLINGEL

Dieses Designwunder findet man immer öfter an den Lenkstangen derjenigen, die was auf sich halten. Kein Wunder, diese Klingel entwickelt sich zum zeitlosen Klassiker: dezente Farbe, formschöne Glocke, brillant im Klang und leicht in der Bedienung.

3 TIGERHUPE

Quetsch den Tiger! Vom Klang her klingt diese Fahrradhupe eher wie ein Frosch oder ein Quietscheentchen. Umso lustiger ist es, den Tiger auf offener Straße zu quetschen. Nur leider ist das nicht erlaubt. Aber testen darf man ja wohl …

4 KLINGELRING

Äußerst stylisch „schwebt" dieser Klingelring auf der Lenkstange. Er ist aus Aluminium gefertigt, und erst nach zahlreichen Prototypen hat der Hersteller das perfekte Gleichgewicht aus Tonhöhe, Tonlänge und Tonvolumen gefunden.

5 KINDERKLINGEL

Diese Klingel kennt jeder. Sie rattert mehr, als dass sie klingelt. Für Kinderräder ist dieser schrille Klingelton ideal, da man ihn klar und deutlich hört. Mal schauen, ob die Kinderklingel auch den Glockentest gewinnt.

6 KLASSISCHE KLINGEL

Das bekannte „Ding Dong" darf beim Glockentest nicht fehlen. Überhaupt verfügt die klassische Klingel mit ihrer voluminösen Form über viel Klangkörper, sodass das mechanische Schlagwerk darin ordentlich schlagen kann.

Neben der Lautstärke und der Tonlage ist es den Testern auch wichtig, dass die Klingel cool aussieht und schön klingt. Insofern haben sie sich auf diese Testkriterien geeinigt:

– Lautstärke (in Dezibel)
– Helltönigkeit
– Klang
– Nervfaktor
– Aussehen

Die Lautstärke haben sie in Dezibel gemessen. Bei den anderen Kriterien haben sie Schulnoten vergeben:

Eine 1 zum Beispiel für „super hellen Klang" und „sieht richtig cool aus" und eine 6 für „nervt total" oder „viel zu tief".

Die Ergebnisse haben die Jungs schön sauber in das Messprotokoll geschrieben.

PLATZ 2:
DiE KINDERKLINGEL

PLATZ 1:
DER RiNG

PLATZ 3
DER KLASSIKER

81

KLINGEL-DIY

PIMP YOUR BELL!

EMILIA

OLIVIA

Die Klingel ist nicht ohne Grund auf der Liste der Teile, die dein Fahrrad braucht, um verkehrstüchtig zu sein. Sie ist mehr als ein Signalgerät – ein Ausdruck deiner Persönlichkeit. Mit ihr gibst du draußen den Ton an, klingelst die rasenden Autos auf der Fahrradstraße zurecht und kündigst dich nach der Schule schon von weitem zum Mittagessen an.

Also höchste Zeit, deiner Klingel ein neues Aussehen zu verpassen, das zu dir passt. Gerade, wenn sie schon so zerkratzt ist wie Julius Klingel. Seine Schwestern helfen ihm dabei.

Schleif den Lack auf der Klingel mit Schmirgel-papier ordentlich ab.

Trage mit dem Pinsel eine Grundierung auf die Glocke auf und lass diese mindestens 30 Minuten trocknen.

Nun kannst du deine Klingel mit Acrylfarben anmalen. Nach zwei Stunden ist die Farbe getrocknet und die Klingel einsatzbereit. Keine Sorge, Acrylfarben sind wasserundurchläss g und halten auch schlechtes Wetter gut aus.

UMBAU ZUM TRANSPORTE

R

Julius hat noch einen alten Fahrradanhänger in der Garage gefunden. Den hat er sich an die Hinterachse geschraubt und seinen Freund Mio zu einer Spritztour eingeladen.

So ein Anhänger eignet sich prima, um alles Mögliche zu transportieren. Julius' Familie nimmt ihn im Sommer sogar mit in den Urlaub an die Nordsee, um Handtücher, Spielzeug und Proviant an den Strand zu karren. Wenn du einen Anhänger zuhause hast, probiere ihn doch mal an deinem Rad aus.

ÜBER KÖRBE, KISTEN UND CONTAINER

Mit dem Fahrrad kann man einiges transportieren: Babys, Kinder, Hunde, Katzen, Tennisschläger, Surfbretter, Strandspielzeug, Schulranzen, den Einkauf ... Je nach dem, was du mitnehmen möchtest, gibt es spezielle Anhänger, Kisten, Körbe und Taschen.

Körbe für den Lenker oder den Gepäckträger gibt in unterschiedlichen Materialen wie Metall, Kunststoff, Rattan und Holz im Fahrradladen zu kaufen. Wenn du dich auf den Straßen umschaust, entdeckst du auch selbst gebastelte Kisten.

Einige Fahrradfreaks basteln auch ihre Anhänger selbst. Hier gibt es aber Vorgaben, an die man sich halten muss. So brauchen Fahrradanhänger ab einer Breite von 60 Zentimetern gemäß der Straßenverkehrs-Zulassungs-Ordnung vorne ein Paar weiße Rückstrahler und hinten eine rote Schlussleuchte auf der linken Seite.

DER KARTOFFELSACK-KURVENTEST

iDEE

Du bereitest eine Übernachtungsparty mit deinen Freunden vor und kaufst für das Abendessen (Kartoffelsalat mit Würstchen) 2,5 Kilogramm Kartoffeln ein. Wo transportierst du den Sack auf dem kurvigen Heimweg am besten? Im Körbchen vorne oder hinten?

TEST

Zeichne drei Kreise mit den Durchmessern 3 Meter, 3,5 Meter und 4 Meter. Nun probiere es erst mit den Kartoffeln vorne dreimal, dann hinten dreimal. Welche Fahrten fallen dir leichter? Bei welchem Transport hast du dein Rad besser unter Kontrolle?

AUSWERTUNG

Für Julius ist der Transport des Kartoffelsacks hinten wesentlich angenehmer als vorne. Das hängt mit der Stabilität des Hinterrads und dem Schwerpunkt des Fahrrads zusammen. Gerade bei den engen Kurven bricht der Lenker bei einer zusätzlichen Last leichter aus. Je kleiner der Durchmesser, desto schwieriger wird das Lenken und das exakte Fahren auf der Kreislinie.

Fazit: Wenn du auf deinem Rad Last transportierst, lenk nicht zu stark, sondern fahr lieber größere Kurven.

3 METER

3,5 METER

4 METER

DIY KRÄUTERBEET IM KORB

Bei Julius zuhause werden viele Kräuter gegessen. Oft allerdings getrocknete oder abgepackte aus dem Supermarkt. Dabei kann man doch ein eigenes Beet im Garten anlegen. Und da seine Mutter noch einen kaputten Fahrradkorb aufbewahrt hat, kommt Julius auch schon eine Idee: Im Frühling kauft er Erde und Samen und sucht sich einen Platz im Garten. Seine Schwester mit dem grünen Daumen hilft ihm dabei.

Streue Kräutersamen über das Beet und fülle noch etwa einen halben Zentimeter Erde auf.

Damit das Wasser ablaufen kann, stich mit einem Stab von unten Löcher in die Folie.

Zum Schluss gut gießen.

Lege den Korb mit einer festen Plastikfolie aus und schneide die Ränder ab.

Schütte eine etwa fünf Zentimeter hohe Schicht Pflanzton als Wasserspeicher hinein.

Fülle Kräutererde bis zum Rand in den Korb.

IM SOMMER KANNST DU DEINE KRÄUTER ERNTEN.

JULIUS' KRÄUTERKORB

Basilikum: Erfrischend, passt zu Tomate und Mozzarella, lässt sich Pesto draus machen, viel Sonne, regelmäßig gießen

Rosmarin: Herb und intensiv, schmeckt zu Fleisch, Kartoffeln und Gemüse, pflegeleicht, liebt Sonne, nicht zu viel wässern

Schnittlauch: Scharf-würzig, lecker zu Butterbrot, Spiegel- oder Rührei, Halbschatten und wenig Wasser

Thymian: Würzig, passt zu Fleisch und Gemüse, viel Sonne, wenig Wasser

DAS GAB'S ZUM RAD

JULIUS FORSCHT WEITER ...

Wieso ist das Meerwasser salzig? Wie entsteht eigentlich Wind? Begleite Julius dabei, wie er diesen und vielen anderen Fragen auf den Grund geht. Und das neue Wissen gleich ausprobiert: Er nimmt einen Krebs auf die Hand, um dessen Gang genau zu beobachten. Oder er beißt in den Queller, der das Meersalz in seinen Stängeln ablagert. Als großer DIY-Fan gibt er tolle Basteltipps, zum Beispiel für einen Drachen oder einen coolen Schlüsselanhänger aus Treibholz.

Michael König
JULIUS FORSCHT – AM MEER
Forschen, Entdecken, Basteln
96 Seiten, 19,0 × 24,5 cm, Flexcover
15,00 € (D) | 15,50 € (A)
ISBN 978-3-98145-666-0

Wie verhält man sich richtig bei Schnittwunden, Sportverletzungen, Wespenstichen oder gar Bewusstlosigkeit? Julius erklärt die häufigsten Notfälle und zeigt dir, wie man darauf reagiert. Das Wissen wird mit Praxistests wie Verbandtechniken, einem Knochenexperiment und dem Messen des Lungenvolumens vertieft. Auch DIY ist dabei: Notfallquartett, Skelette aus Holz und Draht, heilende Salben und Sprays, Kunstwerke aus Verbandsmaterial und vieles mehr.

Michael König
JULIUS FORSCHT – ERSTE HILFE
Forschen, Entdecken, Basteln
96 Seiten, 19,0 × 24,5 cm, Flexcover
15,00 € (D) | 15,50 € (A)
ISBN 978-3-98215-300-1

IMPRESSUM

© 2020 Olivia Verlag München
1. Auflage 2020

Olivia Verlag e. K.
Frickastraße 14
80639 München

olivia-verlag.de
julius-forscht.de

Der Autor hat dieses Buch nach bestem Wissen und Gewissen erarbeitet. Alle Texte, Tipps und Ratschläge sind mit Sorgfalt ausgewählt, recherchiert und geprüft. Eine Haftung des Verlages und seiner Beauftragten für alle erdenklichen Schäden an Personen, Sach- und Vermögensgegenständen ist ausgeschlossen.

Dieses Buch ist auf veganem Papier aus nachhaltiger Waldwirtschaft gedruckt, klimaneutral hergestellt und der Umwelt zuliebe nicht in Plastikfolie eingeschweißt.

ISBN 978-3-98145-668-4

Texte und Fotos
Michael König

Redaktion
Michael Albrecht

Lektorat
Christoph Albrecht, Kirsten Albrecht, Andrea Schefold, Bruno Sewald

Weitere Fotos
Maren Richter: Vorsatz, S. 5, 12 – 15, 18, 22, 23, 32, 33, 41, 50, 51, 60 – 65, 70, 71, 75, 87, 94, Nachsatz, Backcover | Norman Jeschke: S. 28 – 31 | stockphoto: S. 14, 52, 53, petekarici, S. 74, Supersmario, S.75, Анатолий Тушенцов, S. 86, Byz, MediaProduction, AleksandarNakic, Orbon Alija, FXQuadro | photocase: S. 86, time.

Downhill Stunts
Elias Bluhm – bluhm.elias auf Instagram

Wir danken ganz herzlich dem Radlbauer für die freundliche Unterstützung beim Shooting für dieses Buch. Unter **www.radlbauer.de** findest du zahlreiche Fahrräder, Zubehör und einen Shop-Finder für den Radlbauer in deiner Nähe.

Gestaltung und Illustrationen
Andrea Wong – andreawong.de

Druck und Bindung
Print Consult – printconsult.de